Iniciação à literatura brasileira

Antonio Candido

Iniciação à literatura brasileira

todavia

*Este resumo
é dedicado à memória de João Luiz Lafetá
porque pretendeu ser, como ele foi,
simples e despretensioso.*

Nota prévia 9
Introdução 11

I. Manifestações literárias 17
II. A configuração do sistema literário 29
III. O sistema literário consolidado 55

Índice de nomes 103

Nota prévia

O que segue é um resumo da literatura brasileira escrito em 1987 para leitores estrangeiros, como capítulo de uma obra coletiva sobre o Brasil, a ser editada na Itália no quadro das comemorações do V Centenário do Descobrimento da América, tendo como organizador o professor Ricardo Campa. Atendendo a esta circunstância, o critério foi dar destaque ao que se pode chamar de movimento geral da literatura, encarada historicamente, reduzindo ao máximo possível o número de autores e de obras citadas, a fim de evitar o tipo catálogo. Também por isso pus de lado a pretensão de informar sobre o estado atual da nossa literatura, o que levaria a alinhar uma quantidade de nomes ainda não triados pela passagem do tempo. O meu marco terminal foi o decênio de 1950, depois do qual me limitei a dar algumas indicações.

Como a obra italiana acabou não se concretizando, decidi tirar o meu resumo da gaveta e oferecê-lo à editora Humanitas, da Faculdade de Filosofia, Letras e Ciências Humanas da Universidade de São Paulo, que o publicou em 1997. Reeditado agora para um público maior, espero que ajude os interessados a aprender um dos modos possíveis de traçar o desenho da literatura brasileira no tempo.

Antonio Candido de Mello e Souza
maio de 2004

Introdução

A literatura do Brasil faz parte das literaturas do Ocidente da Europa. No tempo da nossa Independência, proclamada em 1822, formou-se uma teoria nacionalista que parecia incomodada por este dado evidente e procurou minimizá-lo, acentuando o que haveria de original, de diferente, a ponto de rejeitar o parentesco, como se quisesse descobrir um estado ideal de começo absoluto. Trata-se de atitude compreensível como afirmação política, exprimindo a ânsia por vezes patética de identidade por parte de uma nação recente, que desconfiava do próprio ser e aspirava ao reconhecimento dos outros. Com o passar do tempo foi ficando cada vez mais visível que a nossa é uma literatura modificada pelas condições do Novo Mundo, mas fazendo parte orgânica do conjunto das literaturas ocidentais.

Por isso, o conceito de "começo" é nela bastante relativo, e diferente do mesmo fato nas literaturas matrizes. A literatura portuguesa, a francesa ou a italiana foram se constituindo lentamente, ao mesmo tempo em que se formavam os respectivos idiomas. Língua, sociedade e literatura parecem nesses casos configurar um processo contínuo, afinando-se mutuamente e alcançando aos poucos a maturidade. Não é o caso das literaturas ocidentais do Novo Mundo.

Com efeito, no momento da descoberta e durante o processo de conquista e colonização, houve o transplante de línguas e literaturas já maduras para um meio físico diferente, povoado por povos de outras raças, caracterizados por modelos culturais completamente diferentes, incompatíveis com as formas de expressão do colonizador. No caso do Brasil, os povos autóctones eram primitivos vivendo em culturas rudimentares. Havia, portanto, afastamento máximo entre a cultura do conquistador e a do conquistado, que por isso sofreu um processo brutal de imposição. Este, além de genocida, foi destruidor de formas culturais superiores no caso do México, da América Central e das grandes civilizações andinas.

A sociedade colonial brasileira não foi, portanto, como teria preferido certa imaginação romântica nacionalista, um prolongamento das culturas locais, mais ou menos destruídas. Foi transposição das leis, dos costumes, do equipamento espiritual das metrópoles. A partir dessa diferença de ritmos de vida e de modalidades culturais formou-se a sociedade brasileira, que viveu desde cedo a difícil situação de contato entre formas primitivas e formas avançadas, vida rude e vida requintada. Assim, a literatura não "nasceu" aqui: veio pronta de fora para transformar-se à medida que se formava uma sociedade nova.

Os portugueses do século XVI trouxeram formas literárias refinadas, devidas geralmente à influência italiana do Renascimento, que em Portugal superou a maioria das formas de origem medieval, talvez melhor adequadas ao gênio nacional e sem dúvida mais arraigadas na cultura popular. Esta linguagem culta e elevada, nutrida de humanismo e tradição greco-latina, foi o instrumento usado para exprimir a realidade de um mundo desconhecido, selvagem em comparação ao do colonizador. A literatura brasileira, como as de outros países do Novo Mundo, resulta desse processo de imposição, ao longo do qual a expressão literária foi-se tornando cada vez mais ajustada a uma realidade social e cultural que aos poucos definia a sua particularidade. De certo modo, poderíamos dizer, como um escritor italiano, que a literatura brasileira "é a imagem profunda de um mundo que em vão chamamos *terceiro*, pois na verdade é *a segunda Europa*" (Ruggero Jacobbi).

Portanto, como toda a cultura dominante no Brasil, a literatura culta foi aqui um produto da colonização, um transplante da literatura portuguesa, da qual saiu a nossa como prolongamento. No país primitivo, povoado por indígenas na Idade da Pedra, foram implantados a ode e o soneto, o tratado moral e a epístola erudita, o sermão e a crônica dos fatos.

A partir daí desenvolveu-se o processo de formação da literatura, como adaptação da palavra culta do Ocidente, que precisou assumir novos matizes para descrever e transfigurar a realidade nova. Do seu lado, a sociedade nascente desenvolveu sentimentos diversos, novas maneiras de ver o mundo, que resultaram numa variante original da literatura portuguesa. A história da literatura brasileira é em grande parte a história de uma imposição cultural que foi aos poucos gerando expressão literária diferente, embora em correlação estreita com os centros civilizadores da Europa.

Esta imposição atuou também no sentido mais forte da palavra, isto é, como instrumento colonizador, destinado a impor e manter a ordem política e social estabelecida pela Metrópole, através, inclusive, das classes dominantes locais.

Com efeito, além da sua função própria de criar formas expressivas, a literatura serviu para celebrar e inculcar os valores cristãos e a concepção metropolitana de vida social, consolidando não apenas a presença de Deus e do rei, mas o monopólio da língua. Com isso, desqualificou e proscreveu possíveis fermentos locais de divergência, como os idiomas, crenças e costumes dos povos indígenas, e depois os dos escravos africanos. Em suma, desqualificou a possibilidade de expressão e visão de mundo dos povos subjugados.

Essa literatura culta de senhores foi a matriz da literatura brasileira erudita. A partir dela formaram-se aos poucos a divergência, o inconformismo, a contestação, assim como as tentativas de modificar as formas expressivas. A própria literatura popular sofreu a influência absorvente das classes dominantes e de sua ideologia.

À vista do que ficou dito, podemos discernir na literatura brasileira um duplo movimento de formação. De um lado, a visão da nova realidade que se oferecia e devia ser transformada em "temas", diferentes dos que nutriam a literatura da Metrópole. Do outro lado, a necessidade de usar de maneira por vezes diferente as "formas", adaptando os gêneros às necessidades de expressão dos sentimentos e da realidade local.

Tudo isso era regido por uma espécie de imperativo: exprimir o novo sem abandonar o velho, ou seja, manifestar a singularidade do Novo Mundo sem perder contato inspirador com as matrizes do Ocidente, que eram condição de entendimento entre os homens cultos. Por isso, a crítica nacionalista falhou quando viu, por exemplo, no uso das formas clássicas e da mitologia greco-latina uma diminuição e uma subserviência. Na verdade, elas eram a maneira de afirmar a nossa realidade de "segunda Europa", para repetir o conceito de Ruggero Jacobbi.

É preciso, por isso, considerar como produções da literatura do Brasil tanto as obras feitas pela transposição pura e simples dos modelos ocidentais, quanto as que diferiam deles no temário, na tonalidade espiritual, nas modificações do instrumento expressivo. Ambas as tendências exprimem o processo formativo de uma literatura derivada, que acabou por criar o seu timbre próprio, à medida que a Colônia se transformava em Nação e esta desenvolvia cada vez mais a sua personalidade.

De que maneira ocorreu este processo, que não é necessariamente um progresso do ponto de vista estético, mas o é certamente do ponto de vista histórico? Poderíamos talvez esquematizá-lo, distinguindo na literatura brasileira três etapas: I. a era das *manifestações literárias*, que vai do século XVI ao meio do século XVIII; 2. a era de *configuração do sistema literário*, do meio do século XVIII à segunda metade do século XIX; 3. a era do *sistema literário consolidado*, da segunda metade do século XIX aos nossos dias. Entendo aqui por *sistema* a articulação dos elementos que constituem a atividade literária regular: *obras* produzidas por *autores* formando um conjunto virtual, e veículos que permitem o seu relacionamento, definindo uma "vida literária"; *públicos*, restritos ou amplos, capazes de ler ou ouvir as obras, permitindo com isso que elas circulem e atuem; *tradição*, que é o reconhecimento de obras e autores precedentes, funcionando como exemplo ou justificativa daquilo que se quer fazer, mesmo que seja para rejeitar.

Na primeira etapa, o Barroco literário é a linha de maior interesse. Na segunda, assistimos 1. à transformação do Barroco; 2. às tentativas de renovação arcádica e neoclássica; 3. à grande fratura do Romantismo e seus prolongamentos. A terceira abrange 1. as tendências finisseculares; 2. outra grande ruptura, que foi o Modernismo dos anos de 1920; 3. e as tendências posteriores.

I.
Manifestações literárias

É preciso imaginar o que era o Brasil no século XVI, para ter uma ideia do que poderia significar a literatura transplantada de Portugal. Uma vasta extensão de terras quase totalmente desconhecidas, cujas fronteiras com os domínios espanhóis eram indefinidas, habitada por indígenas que pareciam ao conquistador seres de uma espécie diferente, talvez não inteiramente humanos. Uma natureza selvática e exuberante, cheia de animais e vegetais insólitos, formando um espaço que ao mesmo tempo aterrorizava e deslumbrava o europeu. Quanto ao deslumbramento, nada mais eloquente do que um dos documentos iniciais sobre a nova terra, publicado em 1504 e atribuído a um dos seus primeiros e mais capazes conhecedores, Américo Vespúcio, onde se lê: "se no mundo existe algum paraíso terrestre, com certeza não deve estar longe desses lugares".

Ao pequeno Reino de Portugal cabia a tarefa sobre-humana de ocupar, defender, povoar e explorar essa *terra incognita*, uma das muitas que faziam parte de sua prodigiosa expansão. Essa tarefa se desdobrava em vários aspectos: administrativo, econômico, militar, religioso.

Os homens que vieram para o Brasil de maneira regular e com mente fundadora, a partir de 1530, tiveram inicialmente necessidade de descrever e compreender a terra e os seus habitantes, com um intuito pragmático necessário para melhor dominar e tirar proveito. Ao mesmo tempo, precisaram criar os veículos de comunicação e impor o seu equipamento ideológico, tendo como base a religião católica. Tais homens eram administradores e magistrados, soldados e agricultores, mercadores e sacerdotes, aos quais devemos os primeiros escritos feitos aqui. Esses escritos são descrições do país e seus naturais, relatórios administrativos ou poemas de fundo religioso, destinados ao trabalho de pregação e conversão dos índios. Dessa massa de escritos destacam-se os dos jesuítas, que vieram a partir de 1549, e sobretudo os de um natural das ilhas Canárias, que veio muito jovem e poderia ser considerado uma espécie de patriarca da nossa literatura: José de Anchieta (1534-1597).[1]

Homem de boa formação clássica, profundamente identificado ao país e aos índios, devem-se a ele não apenas relatórios penetrantes sobre a atuação da sua Ordem, iluminando a vida social da Colônia, mas obras especificamente literárias, em quatro línguas, algumas vezes misturadas: português, espanhol, latim e tupi.

A sua principal obra latina é um poema épico sobre os feitos militares do governador-geral Mem de Sá. Só recentemente verificou-se que havia sido impresso em Lisboa no ano de 1563, o que lhe dá a posição de primeiro livro produzido no Brasil. Seu tradutor para o português, o padre Armando Cardoso (1958), assinala a influência de Virgílio e a pureza clássica do latim de Anchieta, registrando a importância de uma epopeia feita no calor dos acontecimentos narrados e baseada no testemunho de protagonistas, além da própria experiência do autor, que colaborou com Mem de Sá. Ao leitor de hoje,

---

1 Numa síntese como esta, serão citados apenas os nomes de maior relevo em cada fase, e alguns outros por serem representativos de tendências e estilos. Nesta etapa das "manifestações literárias" menciono os autores que trataram do Brasil ou aqui produziram, sem distinguir os brasileiros natos dos portugueses, que afinal todos eram.

impressionam a capacidade narrativa e o estranho gosto pela descrição da crueldade.

Além dessa obra de maior vulto, Anchieta escreveu poesias e atos teatrais de cunho religioso, sempre com o intuito de tornar a fé católica acessível ao povo, em geral, e aos índios catequizados, em particular. Usar a língua espanhola era comum entre os escritores portugueses do tempo. Mas é singular a produção poética no idioma dos tupis, grupo linguístico que ocupava quase todo o litoral brasileiro no século XVI. Os jesuítas submeteram esse idioma à disciplina gramatical e ele se tornou, com a designação expressiva da "língua geral", o principal veículo de comunicação entre colonizadores e indígenas; depois, entre os descendentes dos colonizadores, muitos deles mestiços. A obra de Anchieta e a prática extensiva da língua geral indicam que poderia ter-se desenvolvido no Brasil uma cultura paralela e um bilinguismo equivalente ao que ainda existe no Paraguai, devido também à catequese jesuítica. Essa concorrência alarmou as autoridades metropolitanas, interessadas em usar o seu próprio idioma como instrumento de domínio e homogeneização cultural, a ponto de, no século XVIII, proibirem o uso da língua geral nas regiões onde ela predominava.

Isto é dito para destacar uma das funções da literatura culta no Brasil colonial: impor a língua portuguesa e registrá-la em escritos que ficassem como marcos, ressaltando a sua dignidade de idioma dos senhores, ao qual todos deveriam submeter-se, como afinal acabou acontecendo. A não ser o caso das tribos indígenas sobreviventes, e de alguma persistência da língua geral na Amazônia, os idiomas indígenas foram proscritos, assim como os africanos, que vieram com a importação de escravos. Trata-se de um verdadeiro processo de dominação linguística, aspecto da dominação política, no qual a literatura culta, repito, desempenhou papel importante. Foi pena que a grande percepção de Anchieta não tivesse seguidores, pois ele combinava a tradição clássica, redefinida pelo humanismo do Renascimento, com certos veios mais populares da tradição ibérica, visíveis nos autos teatrais e na escolha das formas métricas de sua lírica. Além disso, acolheu e procurou dar dignidade à própria expressão linguística do indígena, mostrando que seria possível uma cultura menos senhorial, mais aberta aos grupos dominados.

Portanto, o que aqui predominou e deu a tônica foi uma literatura de senhores, que transpôs o requinte da literatura metropolitana e nem sempre foi capaz de sentir o caráter complexo da sociedade nova. Mas é preciso não encará-la com espírito de compêndio ou manual, isto é, como se as listas de nomes, obras e temas, postos em sucessão no espaço da página, significassem a existência de uma verdadeira vida literária, que só ocorrerá a partir do século XVIII, quando se esboça uma "República das Letras". Nos séculos XVI e XVII o que havia eram autores ocasionais, ou circunscritos à sua região, produzindo obras que na maioria absoluta não foram impressas, inclusive porque o Brasil só teve licença para possuir tipografias depois de 1808. Algumas dessas produções foram editadas em Portugal, mas outras de grande importância conheceram apenas a difusão oral ou manuscrita, atingindo círculos restritos e só no século XIX chegaram ao livro.

Isolados, separados por centenas e milhares de quilômetros uns dos outros, esses escritores dispersos pelos raros núcleos de povoamento podem ser comparados a vaga-lumes numa noite densa. Podia haver lugares, como a Bahia, onde se reuniam homens cultos, sobretudo clérigos e legistas. Podia haver sermões brilhantes que encantavam o auditório, ou poetas de mérito recitando e passando cópias de seus poemas. No conjunto, eram *manifestações literárias* que ainda não correspondiam a uma etapa plenamente configurada da literatura, pois os pontos de referência eram externos, estavam na Metrópole, onde os homens de letras faziam os seus estudos superiores e de onde recebiam prontos os instrumentos de trabalho mental. Durante cerca de um século depois da atividade poética de Anchieta, quase não houve no Brasil a produção de escritos onde predominasse a imaginação poética ou ficcional, excetuando-se coisas tão insignificantes quanto o primeiro poema épico escrito em português, a *Prosopopeia* (1601), de Bento Teixeira (1561-1600), que só tem o mérito da precedência. O que houve foi uma produção de crônicas e relatos no sentido já exposto, segundo quatro grandes linhas: informação sobre a natureza e os índios; narrativa dos acontecimentos; edificação religiosa e catequese; defesa da Colônia contra invasores estrangeiros, sobretudo franceses e holandeses. As quatro podem misturar-se na mesma obra, é claro, mas sempre há alguma predominância.

Na primeira linha se enquadram, por exemplo, o *Tratado descritivo do Brasil em 1587*,[*2] de Gabriel Soares de Sousa, plantador de cana na Bahia, homem culto e perspicaz; e os *Diálogos das grandezas do Brasil** (compostos pela altura de 1618), de outro plantador de cana, Ambrósio Fernandes Brandão. À segunda linha pertence a *História do Brasil,** terminada em 1627, do franciscano frei Vicente do Salvador (1564-163?), cronista objetivo e simples. Da terceira linha podemos citar a *Vida do venerável padre José de Anchieta* (1672), do jesuíta Simão de Vasconcelos (1596-1671), que é também autor de uma crônica sobre a ação da sua Ordem no Brasil. A quarta linha tem como precursor o poema de Anchieta sobre os feitos de Mem de Sá, e nela se enquadram *O valeroso Lucideno* (1648), de frei Manuel Calado (1584-1654), e *A nova Lusitânia* (1675), de Francisco de Brito Freire (?-1692), obras que podem ter contribuído para

---

2 As obras marcadas com asterisco só foram publicadas no século XIX.

desenvolver um esboço de sentimento localista entre os colonos, baseado no orgulho pelas proezas militares.

Alguns desses escritores manifestam em grau maior ou menor o maneirismo do século XVI, que aparece inclusive nos jogos de palavras e nas antíteses dos despretensiosos poemas de Anchieta. Ligando-se à tendência hiperbólica frequente nas descrições da terra, esse espírito de argúcia se ajustou com facilidade ao Barroco, gerando um veio de exaltada celebração do país, que durante quase três séculos serviu de compensação para o atraso e o primitivismo reinantes. Do fundo do século XVII até quase nossos dias, o brasileiro se habituou a mascarar a realidade por meio de imagens e da ênfase, que mostravam o seu país como paraíso terrestre e lugar predestinado a um futuro esplêndido.

Isso é visível na transfiguração a que a literatura submeteu a realidade física, substituindo a simplicidade documentária de muitos cronistas por uma linguagem hipertrofiada, que embelezou e deu valor simbólico à flora e à fauna, passando delas para os atos do homem. Um exemplo ajudará a compreender o que chamo de transfiguração, processo importante na formação da literatura brasileira: o do abacaxi, fruta americana que os europeus conheceram com certo pasmo e submeteram a um curioso processo de enriquecimento alegórico. Em muitos cronistas, como os citados, ele é referido simplesmente como fruta saborosa e rara, mas Simão de Vasconcelos já o apresenta como fruta régia, armada de espinhos defensivos e encimada pela Coroa. E n'*As frutas do Brasil* (1702), do franciscano frei Francisco do Rosário, a alegoria se eleva a um engenhoso simbolismo moral, pois, diz o autor, a sua polpa é doce e agradável às línguas sadias, mas mortifica as que estiverem machucadas, ou seja: ele é como a vontade divina, que é bálsamo para as almas arrependidas, mas caustica as rebeldes. A partir daí o autor elabora um sistema complicado de alegorias teológicas, ensopado de retórica barroca. O abacaxi continuou dali por diante a sua curiosa carreira, aparecendo em cronistas e poetas, até o século XIX, como alegoria e símbolo, valendo por elemento representativo do país. Este pequeno exemplo mostra a importância do processo transfigurador, que foi favorecido pelo Barroco e mais tarde pelo espírito nativista, estendendo-se a áreas mais amplas e significativas da realidade.

No século XVII apareceram na zona mais culta da Colônia, a Bahia, duas das maiores figuras da literatura brasileira, cuja obra até hoje permanece viva e presente: Antônio Vieira e Gregório de Matos.

Antônio Vieira (1608-1697) nasceu em Portugal mas veio muito novo para o Brasil, onde morreu e onde viveu intermitentemente a maior parte da vida. A outra parte, viveu-a na Europa.

Jesuíta e catequizador, é contudo o oposto de Anchieta, que foi beatificado e está em vias de ser canonizado. Vieira era um homem do mundo, ambicioso e aventureiro, cuja verdadeira vocação foi a política, tendência aliás frequente na sua Ordem. Confessor da rainha de Portugal, conselheiro e homem de confiança do rei d. João IV, intrigou e armou projetos, desempenhou missões meio secretas na França, Holanda e Itália, exerceu cargos da sua Ordem no Brasil e parece que via na religião um lado temporal tão importante quanto o outro. A sua vida foi bastante atormentada. A certa altura caiu em desgraça junto ao novo rei; vindo para o Brasil, foi expulso pelos colonos escravagistas, contra os quais defendia os índios; de volta a Portugal, foi processado e condenado pela Inquisição, — mas sempre se reconstituiu, perseguindo com tenacidade certos propósitos, que revelam interessante contraste entre a credulidade messiânica e o realismo. Este o fez conceber planos econômicos avançados e a aconselhar a aliança com os fornecedores disponíveis de capitais, os judeus, que sempre defendeu contra a Inquisição, preconizando uma política de tolerância. Além disso, era obcecado pela preparação visionária de uma monarquia, a portuguesa, predestinada a ser o Quinto Império, com sede no Brasil.

Também como escritor é oposto a Anchieta, pois em vez de ajustar-se à mente do povo e dos índios, preferiu impor-lhes o estilo rutilante da sua oratória, prolixa, densa, cheia de alusões alegóricas, nutrida das argúcias do raciocínio, tendo muitas vezes objetivos temporais sob a superfície convencional da doutrina. Como tinha grande magnetismo, despertou sempre o entusiasmo dos ouvintes, fossem eles índios, colonos, cortesãos, estadistas, ou Cristina da Suécia e os prelados que acorreram para vê-lo pregar em italiano por ocasião de sua estada em Roma (1669-1675).

Os seus sermões, que ele próprio organizou na primeira edição em quinze volumes, mostram, mesmo sem o calor da presença, que ele foi o maior orador sacro da língua. Deixou também vasta correspondência, da qual boa parte se preservou e foi editada no século XVIII em três tomos. Escreveu ainda relatórios de grande interesse e tratados onde dá largas ao profetismo, como a curiosa *História do futuro*, inacabada e de publicação póstuma. Escritor ardente, correto, a sua linguagem cheia de vigor e harmonia tornou-se um dos modelos da escrita clássica portuguesa.

Seu contemporâneo Gregório de Matos (1636-1696)[3] viveu muitos anos na Metrópole, onde se formou em leis, e de volta à sua terra, a Bahia, levou uma vida irregular, a que não faltaram escândalos, a prisão e um exílio na África, dando lugar a lendas tão tenazes quanto duvidosas. A sua obra poética é das mais altas da literatura brasileira, mas só conheceu (parcialmente) a forma do livro nos meados do século XIX, não

---

3 Os escritores serão designados pelos nomes pelos quais são conhecidos, nem sempre os completos.

tendo até hoje sido editada de maneira correta e fidedigna. Ele recitava os seus poemas, que eram transcritos por terceiros, ou oferecia os manuscritos a amigos e admiradores, que os copiavam.

Nessa obra há poemas líricos, religiosos e satíricos, que constroem um retrato de sua personalidade revolta e um retrato do Brasil seiscentista, o mais completo até então. Nele, não há o ânimo documentário ou a transfiguração hiperbólica, mas o flagrante expressivo até a caricatura, o ataque se elevando à denúncia, a ironia alegre ombreando com a revolta amarga, em contraste com a transfiguração eufórica de outros autores do tempo, em relação aos quais a sua poesia satírica aparece como contracorrente desmistificadora. Ele desdenha as aparências do mundo e desvenda a sua iniquidade, com um pessimismo realista que não hesita em entrar pela obscenidade e a crueza da vida do sexo. Poucos foram tão fundo nos aspectos considerados *baixos*, que ele não trata com a complacência de um Villon (ao qual foi expressivamente aproximado por Ronald de Carvalho), mas com uma espécie de ímpeto justiceiro, que forra de inesperado moralismo as suas diatribes. Através desse rebelde apaixonado transparece a irregularidade do mundo brasileiro de então, com a sociedade onde o branco brutalizava o índio e o negro, as autoridades prevaricavam, os clérigos pecavam a valer e a virtude parecia às vezes uma farsa difícil de representar.

A poesia religiosa é nele marcada pelas tensões do pecado, enquanto o lirismo amoroso entra pela idealização petrarquiana e camoniana, por meio de uma linguagem na qual os recursos que na sátira serviam para efeitos cômicos se tornam veículos de uma comovente pesquisa da alma e do sentimento. É o caso de certos traços queridos do espírito barroco, como a antítese, o jogo de palavras, o equívoco, que usa de maneira parecida à de seus mestres espanhóis: Góngora e Quevedo.

Além desses dois homens eminentes, e dos prosadores de que citamos alguns, o século XVII pouco tem a oferecer ao leitor de hoje. Anotemos que a vida religiosa e civil continuava a fornecer ocasiões para uma espécie de literatura oficial e comemorativa: celebração de datas da Casa Real, festas de santos, chegada ou partida de dignatários. Nesses momentos, os letrados da Colônia, sobretudo clérigos, produziam sermões, discursos, descrições, sonetos, odes, epístolas, mostrando o cunho pesadamente oficial da vida literária e a função social das letras, como elemento de solidariedade entre os homens cultos e de reforço dos valores religiosos da Metrópole. Essa atividade se intensificou no século XVIII, quando, a exemplo do que era feito em Portugal, fundaram-se aqui algumas associações que tencionavam durar, as Academias. Nelas, a atividade intelectual ganhou maior solidez e constituiu um elemento importante na formação da vida literária, pela regularização de um pequeno público. A produção desses grêmios ficou na maior parte manuscrita; só nos nossos dias foi reunida e publicada em dezessete volumes num corpo homogêneo por José Aderaldo Castello.

A esse espírito entre devoto e cortesão se vincula um escritor de certo interesse, Manuel Botelho de Oliveira (1636-1711), exemplo típico do falseamento a que chegou o espírito barroco nos seus aspectos menores, quando a argúcia virou jogo pedante e a sutileza um mero exibicionismo, dando a impressão de que a palavra rodava em falso, à procura de nada. É o que vemos quase sempre no material da Academia Brasílica dos Esquecidos, fundada na Bahia em 1724, e extinta no ano seguinte, depois de intensa atividade. Um dos seus fundadores foi Sebastião da Rocha Pita (1660-1738), escritor fecundo como poeta, cronista, orador, que de certo modo coroa a primeira era da nossa literatura com a sua *História da América portuguesa* (1730). Este livro é marcado pelo ânimo hiperbólico e transfigurador com que a natureza e os fatos eram vistos, num exemplo eloquente da função que o Barroco exerceu como apoio para a ideologia do nativismo, isto é, a formação do sentimento de apreço pelo país e a tendência para compensar as suas lacunas por meio da deformação redentora.

Salvo José de Anchieta, que viveu no Sul, quase todos os escritores e todos os fatos literários mencionados até aqui tiveram como sede a Bahia, que era então a capital do Brasil. Lá se concentravam a cultura, o maior refinamento dos costumes, o maior poderio econômico. Portanto, o que vimos até agora foi mais uma literatura local da Bahia, diretamente ligada à Metrópole, onde iam formar-se os homens cultos. A partir da metade do século XVIII ocorre uma significativa ampliação de âmbito, com a descoberta das minas de ouro e de diamantes em regiões do Sul e a necessidade de definir as fronteiras meridionais com os domínios espanhóis do rio da Prata. O eixo político se desloca e o Sul adquire uma importância que crescerá até os nossos dias, predominando cada vez mais na vida do país. No decênio de 1760 a capital é transferida para o Rio de Janeiro, porto de entrada da região das minas, e o governador-geral se torna vice-rei. A vida urbana tem grande impulso, criando condições para um florescimento cultural que transforma o Rio de Janeiro, modifica São Paulo e, penetrando fundo no interior, vê surgir na capitania das Minas Gerais manifestações importantes na arquitetura, na escultura, na música e na literatura, fazendo da segunda metade do século XVIII um momento de densidade cultural, não concentrada apenas num lugar, mas começando a manifestar-se em outros simultaneamente. Mais ainda: o movimento das Academias estabeleceu os primeiros laços visíveis entre intelectuais dos diversos pontos da Colônia, ajudando a formar o sentimento de uma atividade literária comum.

Em 1758, um jovem do Rio de Janeiro, Feliciano Joaquim de Sousa Nunes (173?-180?), publicou em Lisboa o primeiro e único volume de uma obra que deveria ter sete, *Discursos político-morais*, sendo a edição confiscada e destruída por ordem do governo. Talvez essa incrível severidade em relação a um escritor nada heterodoxo se deva ao fato de, nele, aparecer algo novo, embora de maneira discreta: o descontentamento do intelectual da Colônia. De fato, Sousa Nunes insinua que o brasileiro não tinha oportunidades, sofria o menosprezo dos reinóis e a sua produção mental ficava na obscuridade. Era sem dúvida uma afirmação nativista, marcando o desejo de que fosse reconhecida a expressão cultural do Brasil.

II.
A configuração do sistema literário

Indícios como estes mostram que a partir da metade do século XVIII já se pode falar pelo menos do esboço de uma literatura como fato cultural configurado, e não apenas como produções individuais de pouca repercussão. A consciência de grupo por parte dos intelectuais, o reconhecimento que passou a existir de um passado literário local, a maior receptividade por parte de públicos, embora débeis e pouco numerosos, começam a definir uma articulação dos fatos literários. Esta foi a importância decisiva do século XVIII, cuja base é o movimento das Academias e cujo coroamento será a afirmação estratégica de autonomia no século XIX.

A Academia dos Renascidos, fundada em 1759 na Bahia, apresenta um significativo elemento novo: ela recruta sócios no Sul, mostrando que começava a haver articulações entre os homens cultos. A sua orientação ainda cabe dentro do espírito retórico, que já não predomina na Academia Científica, fundada em 1771 no Rio de Janeiro, não por magistrados e proprietários rurais, mas por médicos interessados no conhecimento racional da natureza e sua exploração para o bem coletivo. Transformada em 1786, com o nome de Sociedade Literária, ela durou até 1795, quando foi fechada sob a alegação de que os seus membros pregavam doutrinas subversivas, baseadas em Rousseau, Mably e nos enciclopedistas franceses. Já então os intelectuais da Colônia estavam acertando o passo com a Filosofia das Luzes, a que se ligou de certo modo a transformação estética conhecida em Portugal e no Brasil sob o nome de Arcadismo. Ela começou em Lisboa na Arcádia Lusitana (1756) e teve como objetivo combater o artificialismo, a falsa argúcia e o palavreado oco a que haviam chegado as tendências barrocas na sua fase de decadência. A exemplo dos clássicos franceses e dos árcades italianos, os seus membros procuravam uma dicção mais natural e se interessavam pela modernização da sociedade, do ensino, do governo. Na prática, permaneceu muito do espírito barroco, misturado à naturalidade e ao realismo.

No Brasil, o Arcadismo é contemporâneo da passagem do eixo político e econômico para o Sul. No Rio de Janeiro e nas cidades da capitania das Minas Gerais ocorre o movimento cultural e literário mais característico na segunda metade do século XVIII e começo do século XIX, já ligado à crise do estatuto colonial e às aspirações de independência em relação à Metrópole. Alguns poetas arcádicos serão processados, presos, desterrados devido à sua posição crítica em relação ao governo português e a projetos mais ou menos vagos de separação.

Esse momento é de amadurecimento para todo o Brasil, que finalmente adquire um contorno geográfico bem próximo do que tem hoje e vê núcleos de povoamento se espalharem por todas as regiões, embora a população fosse rala e continuasse concentrada no litoral e adjacências. Esse amadurecimento se reflete na quantidade de homens cultos que atuaram aqui e na Metrópole — sacerdotes, naturalistas, administradores, matemáticos, poetas, publicistas —, formando o primeiro grande conjunto de brasileiros capazes de ombrear com os naturais de Portugal.

Na literatura, sobressai um grupo de poetas que nasceram ou viveram em Minas Gerais e no Rio de Janeiro, quase todos marcados pelo espírito renovador da Arcádia Lusitana, e alguns deles realmente modernos pela escrita e a atitude mental.

Comecemos por um mais velho, que não se ligou aos outros e foi sob muitos aspectos retardatário, pois adotou a maneira camoniana e não participou da Ilustração: o frade agostiniano José de Santa Rita Durão (1722-1784). O seu poema épico *Caramuru* (1781) é mesmo uma resposta ao pequeno poema *Uraguai* (1769), onde José Basílio da Gama (1741-95) manifestava mentalidade ilustrada e antijesuítica. Um e outro expunham pela primeira vez um novo modo de ver o confronto entre colonizadores e indígenas, maneira moderna em que sobressai o aspecto de choque das culturas, com um espírito de perplexidade ante a destruição da vida do índio, que ambos haviam aprendido a compreender e respeitar. Mas enquanto Basílio da Gama o fez de maneira inovadora, num pequeno poema carregado de modernidade para o tempo, Durão se apegou ao modelo tradicional d'*Os Lusíadas*, com a mesma oitava heroica de decassílabos, a mesma divisão em dez cantos, misturando a tradição renascentista a restos do estilo cultista.

Sob certo aspecto, o *Caramuru* é uma chave de abóbada formando par com a *História*, de Rocha Pita. Ele faz uma espécie de balanço da colonização, no momento em que iam aparecer as tendências nativistas mais atuantes, que levariam à Independência em 1822. E a sua matéria sintetiza as linhas temáticas que vimos acima: descrição hiperbólica da natureza; descrição da vida indígena; celebração da defesa do país contra invasores estrangeiros, vista como episódio da implantação da fé verdadeira, a católica, elemento central desse poema eminentemente religioso.

O *Uraguai* é, ao contrário, moderno pelo laicismo, a solução formal e o espírito de adesão à política do despotismo ilustrado, representado em Portugal pelo governo do marquês de Pombal. A sua maneira de descrever o choque de culturas, fatal para a do índio, implica em relação a este uma adesão simpática e melancólica, que prenuncia o indianismo romântico e amaina a tonalidade épica em favor do lirismo. Apesar do tema heroico, também na forma predominam os matizes líricos, traduzidos num verso branco fluente e melodioso, que parece matriz de versos românticos. Esses dois poetas foram considerados pelos românticos como fontes da poesia "nacional", porque tomaram como personagem o índio, que ia-se tornando aos poucos uma espécie de símbolo da pátria.

As tendências ilustradas do governo de Pombal, das quais Basílio da Gama foi adepto, tiveram a adesão de outros escritores brasileiros, que celebraram as suas reformas, como três poetas que conviveram em Minas e participaram dos projetos de separação política, conhecidos pelo nome de Inconfidência Mineira (1789): Cláudio Manuel da Costa, Alvarenga Peixoto e Tomás Antônio Gonzaga. O primeiro suicidou-se na prisão, os dois outros morreram exilados na África.

Cláudio Manuel da Costa (1729-1789) é um poeta de transição entre Barroco e Arcadismo, que também, como Durão, parece remontar ao século XVI e aos modelos camonianos. A tradição petrarquista é visível nos seus admiráveis sonetos de toque maneirista, alguns dos quais escritos em italiano, língua que cultivou com destreza. Nos sonetos e nas éclogas, surpreendemos uma curiosa impregnação da natureza rochosa de sua região natal (a das minas de ouro), que se infiltra no modelo virgiliano, compondo uma espécie de diálogo implícito entre Colônia e Metrópole, barbárie e civilização. Isso apareceria de forma explícita no poema épico *Vila Rica** (*c.* 1773), em que narra o encontro das culturas e a vitória da ordem civil sobre a confusão dos aventureiros à busca de ouro.

Em Cláudio ocorre um procedimento temático de certo alcance na formação de uma sensibilidade nacional na literatura: a da *metamorfose* — que consiste em imaginar que acidentes naturais, como árvores, rios, montanhas, são personagens mitológicas transformadas. Com isso, a realidade do país é traduzida em termos da tradição clássica e, de certo modo, se consagra perante a moda literária do Ocidente. Este procedimento é importante na obra brasileira de um dos fundadores da Arcádia, Cruz e Silva (1731-1799), que viveu no Brasil como magistrado vinte anos da sua vida e aqui produziu muito, inclusive a série de poemas descritivos, nalguns dos quais aparece o referido tratamento antropomórfico. Esta tendência terá certo papel nas gerações futuras, em poemas neoclássicos tardios e na obra de alguns românticos.

A realidade da região mineira aparece, mas agora com feição realista, em alguns poemas de Alvarenga Peixoto (1744-1793) e de Tomás Antônio Gonzaga (1744-1810), que sofreram a influência de Cláudio Manuel da Costa e formaram com ele um grupo de amigos fraternos. Gonzaga é o mais moderno deles, o que atingiu os ideais arcádicos de naturalidade — naturalidade relativa, é claro, pois o ponto de referência era a complicação extrema do Barroco final.

A sua obra lírica consiste numa coleção de poemas amorosos dedicados à pastora Marília, que, ao contrário da produção dos outros árcades, tiveram grande voga no Brasil e em Portugal, sendo que muitos deles foram musicados e se tornaram canções difundidas no povo. Deve-se distinguir nele uma parte anacreôntica, em metros curtos, que tem a frivolidade amaneirada do Rococó, e uma parte de análise pessoal e debate sobre o destino, escrita quase toda no cárcere em metros longos e com grande densidade espiritual. Nesta aparece uma visão horaciana da vida, na qual certos críticos viram com razão uma poesia burguesa muito moderna no tempo, voltada para o cotidiano e a consciência do eu. Além disso, hoje se atribui a Gonzaga, com certeza quase absoluta, a autoria do poema satírico inacabado *Cartas chilenas** (1789), no qual assume posição de revolta aristocrática contra certo governador de Minas Gerais, populista e acusado por ele de nepotismo e corrupção.

É grande a importância deste poema como descrição e análise da sociedade do tempo, em versos brancos de boa fatura, valendo como documento do inconformismo das elites coloniais contra a administração metropolitana.

Toda essa produção é de fato marcada pelo requinte das elites, e historicamente importa como maneira de confirmar a preeminência social dos grupos cultos da Colônia, já impacientes com a prepotência de Portugal e interessados nos movimentos revolucionários dos Estados Unidos e da França.

Muito inclinado neste sentido foi um amigo e companheiro de Basílio da Gama, Silva Alvarenga (1749-1814), que, depois de graduar-se na Universidade de Coimbra, em Portugal (como todos os demais), viveu no Rio de Janeiro, onde teve papel de mestre e formador de muitos que participariam da Independência.

A sua posição ideológica e estética foi bastante definida desde os tempos de estudante em Portugal, quando escreveu o poema herói-cômico *O desertor* (1774), apoiando a modernização dos estudos universitários empreendida pelo marquês de Pombal por influência do pensamento ilustrado. Em poemas didáticos, exprimiu uma posição neoclássica e o gosto pela manifestação do sentimentalismo que apareceriam na sua obra principal, *Glaura* (1799), série de madrigais e de pequenos poemas de grande e fácil musicalidade, a que chamou rondós, construídos segundo um esquema de estribilho obrigatório, inventado por ele a partir da adaptação de modelos italianos, sobretudo árias de Metastasio. Além disso, foi o principal animador da Sociedade Literária, já citada, espécie de clube liberal que insinuava a mudança do estatuto político da Colônia. Por isso, foi preso e processado com diversos outros companheiros, passando na prisão quatro anos.

Aderindo às reformas brutais mas progressistas do marquês de Pombal, os intelectuais brasileiros se opuseram em geral ao retrocesso que seguiu à sua queda. Assim como Alvarenga escrevera *O desertor* em apoio à reforma universitária, Francisco de Melo Franco (1757-1823), médico que foi o introdutor da puericultura no mundo luso-brasileiro, satirizou a volta da rotina no poema *O reino da estupidez** (1785).

Ao mesmo tipo de atitude ilustrada pertence Sousa Caldas (1762-1814), adepto das ideias de Rousseau, que foi processado pela Inquisição e, apesar de ter-se ordenado sacerdote mais tarde, não abandonou as ideias liberais, que aparecem no poemeto didático "As aves". Escreveu poemas de rigoroso corte neoclássico e, depois da ordenação, dedicou-se à poesia religiosa, traduzindo parte dos Salmos de Davi, além de ganhar fama como pregador. Hoje interessam dois escritos dele: uma encantadora epístola em verso e prosa, escrita na viagem para a Itália, em 1790, onde toma posição contra a tirania dos modelos greco-latinos; e um livro sob a forma de cartas, na maior parte perdidas, típicas das posições mais avançadas dos intelectuais brasileiros às vésperas da Independência.

Em 1808 aconteceu um fato decisivo para o Brasil, o mais importante, até então, depois de seu descobrimento em 1500: a vinda da Família Real Portuguesa, acompanhada por parte da corte e do funcionalismo, fugindo à invasão napoleônica — o que fez do Rio de Janeiro a sede da monarquia e acelerou o ritmo do progresso, inclusive intelectual.

Basta dizer que só naquela altura começou para nós a era da tipografia, com a impressão de livros e o surgimento de periódicos. Com isso, a hegemonia cultural saiu dos conventos para ter nas atividades laicas o seu ponto de apoio, inclusive graças à fundação de escolas técnicas e superiores. Ao mesmo tempo o país adquiriu a possibilidade de comunicar-se com outros centros de cultura além de Portugal, e recebeu deles contribuições, como uma missão artística francesa e a visita de viajantes alemães, ingleses, franceses, russos, muitos deles cientistas de valor, que escreveram boas descrições da sociedade local e contribuíram para nos tornar conhecidos.

Eminentes estadistas, funcionários, escritores, sábios, administradores, que antes prestavam serviço na Metrópole, voltaram ao seu país; e os que viviam aqui encontraram maior campo de ação. Em 1816 o Brasil foi elevado à categoria de Reino Unido, e quando o rei d. João VI voltou a Lisboa, em 1821, os brasileiros não se conformaram com a perda de status. A Independência foi proclamada no ano seguinte pelo príncipe herdeiro, que ficara como regente e se tornou imperador com o nome de Pedro I.

Nesses acontecimentos os intelectuais tiveram papel importante e a literatura adquiriu novas tonalidades, com a poesia patriótica, o ensaio político, o sermão nacionalista, fazendo dessa fase entre o fim do século XVIII e o advento do Romantismo, nos anos de 1830, um momento de intensa participação ideológica das letras. Do ponto de vista estritamente literário, a produção foi secundária, para dizer o menos. Poetas rotineiros, alguns de tipo arcádico, outros mais propriamente neoclássicos, raros denotando traços que poderiam ser chamados de pré-românticos. Elementos pré-românticos podem ser considerados o caráter afetivo que a religião foi assumindo (mais estado de alma do que devoção), a languidez sentimental, certa pieguice melancólica associada ao luar, aos salgueiros e aos lugares sombrios. Por outro lado, assume conotação francamente patriótica o nativismo pitoresco, que vinha do fundo dos tempos coloniais, assim como a celebração dos feitos militares do passado. Não é preciso citar, num resumo como este, os nomes secundários dessa fase de rotina e débil transição. Basta dizer que com a Independência desenvolveu-se cada vez mais a consciência de que a literatura brasileira era ou devia ser diferente da portuguesa, pois o critério da nacionalidade ganhou no mundo contemporâneo uma importância que superou as considerações estéticas.

Portanto, esse foi um momento de definições críticas importantes, tanto mais quanto coincidiram com o Romantismo, que, num país novo, recém-chegado à independência política, adquiriu o cunho redentor de libertação dos padrões clássicos, identificados à era colonial. Nesse sentido, influíram os pontos de vista críticos do francês Ferdinand Denis, autor do primeiro escrito onde se reconhece uma literatura brasileira distinta, o *Résumé de l'histoire littéraire du Brésil* (1826). Denis, que viveu aqui alguns anos e se ocupou de assuntos brasileiros pelo resto da vida, manifestava o ponto de vista nacionalista recente: um país independente possui uma literatura independente. No caso, esta deveria afirmar-se pela descrição da natureza específica dos trópicos e os temas indígenas. Um verdadeiro convite ao exotismo, que cabia na mentalidade romântica e os nossos escritores aceitaram com entusiasmo.

Com efeito, o apelo de Denis foi ouvido anos depois por alguns jovens que estavam estudando em Paris, onde fundaram em 1836 a revista *Niterói*, em cujo primeiro número apareceu o manifesto fundador, escrito por Gonçalves de Magalhães, preconizando o abandono da mitologia clássica e dos modelos portugueses, propondo o índio como tema nacional, a emoção religiosa como critério e o sentimentalismo como tonalidade. Estava começando o nosso Romantismo, e, simbolicamente, isto acontecia na França, que seria a partir de então o principal ponto de referência para os escritores brasileiros.

Entre Arcadismo e Romantismo há uma ruptura estética evidente, mas há também continuidade histórica, pois ambos são momentos solidários na formação do *sistema literário* e no desejo de ver uma produção regular funcionando na pátria. Significativamente, os românticos consideravam seus precursores os poetas clássicos da segunda metade do século XVIII e começo do século XIX que versavam temas indígenas e religiosos.

No Arcadismo predomina a tônica que se pode considerar mais cosmopolita, intimamente ligada às modas literárias da Europa, desejando pertencer ao mesmo passado cultural e seguir os mesmos modelos, o que permitiu incorporar os produtos intelectuais da Colônia inculta ao universo das formas superiores de expressão. Ao lado disso, o Arcadismo continuou os esboços particularistas que vinham do passado local, dando importância relevante tanto ao índio e ao contato de culturas, quanto à descrição da natureza, mesmo que fosse em termos clássicos, como o recurso à metamorfose e às referências pastorais.

No Romantismo predomina a tônica localista, com o esforço de ser diferente, afirmar a peculiaridade, criar uma expressão nova e se possível única, para manifestar a singularidade do país e do eu. Daí o desenvolvimento da confissão e do pitoresco, bem como a transformação em símbolo nacional do tema indígena, considerado essencial para definir o caráter brasileiro, e portanto legítimo, do texto.

Mas é claro que isso continuou a ser feito sob influência europeia, devido à nossa ligação orgânica com a cultura ocidental e apesar das afirmações utópicas de originalidade radical. Ossian e Chateaubriand marcaram o indianismo mais do que Basílio da Gama ou Durão, enquanto a poesia religiosa e sentimental seguiu os passos de Lamartine. A alegada independência literária foi em parte uma substituição de influências, com a França tomando o lugar da Metrópole portuguesa.

Devido à continuidade entre Arcádia e Romantismo, não espanta que tenha havido um momento de transição onde os primeiros românticos parecem árcades retardados, assim como alguns árcades pareciam românticos antecipados. Apesar do manifesto de 1836, só dez anos depois surgem obras que podem ser consideradas de fato românticas.

Antes de falar delas, é preciso insistir um pouco mais nas continuidades, inclusive porque elas são a base do que serão as transformações. É o caso da poesia anfigúrica, mergulhada no absurdo, da qual temos raros documentos, mas que foi cultivada, no começo do século XIX, por certos poetas populares, e, depois de 1840, pelos estudantes da Faculdade de Direito de São Paulo. Através do absurdo comunicam-se os dois momentos da literatura brasileira, formando a base de onde emergirão poetas de voo mais largo, a exemplo de Sousa Andrade, conhecido como Sousândrade (1833-1902), em meados do século XIX. Este foi em nossos dias restaurado pela crítica de vanguarda, como experimentador ousado e quase precursor, em ruptura com as tendências dominantes no seu tempo.

Outro veio é o da poesia satírica, que passa por cima das modas e das escolas, fora versada por Gregório de Matos no século XVII e nunca mais deixou de ser praticada na sua facilidade coloquial de censora dos costumes, para no Romantismo ter representantes de interesse, como Luís Gama (1830-1882). (Um pequeno poema deste, "Quem sou eu?", é admirável pela força desmistificadora da comicidade com que denuncia a tolice do preconceito de cor em nossa sociedade largamente mestiça.)

Dessas continuidades que irmanam os períodos por cima das fraturas estéticas e ideológicas, talvez a mais importante seja a da poesia musicada. O século XVIII, em Portugal e no Brasil, foi fértil neste terreno, sobretudo com o nascimento e a grande voga das *modinhas*, canções inspiradas pelas árias de ópera, cheias de fioraturas, lânguidas e sentimentais, que avassalaram a sensibilidade dos árcades e dos pré-românticos. Já vimos que muitos poemas de Tomás Antônio Gonzaga foram musicados, e houve um poeta brasileiro seu contemporâneo que praticamente encarnou o espírito da modinha, não apenas porque as compôs, mas porque as cantava nos salões de Lisboa: Domingos Caldas Barbosa (1738-1800).

Ora, durante o Romantismo deu-se uma invasão ainda mais completa da poesia pela música, devido não apenas ao emprego sistemático dos procedimentos métricos mais melodiosos, mas porque generalizou-se o hábito de musicar poemas eruditos. Este traço une os dois períodos e contribui em ambos, mas sobretudo no Romantismo, para dar à poesia uma penetração popular maior, quebrando a separação abrupta entre cultos e incultos num país onde os homens instruídos eram pequena minoria.

Portanto, Arcadismo e Romantismo são dois momentos dialéticos no processo de formação do *sistema* literário, ao mesmo tempo opostos e complementares. O Romantismo terá maior importância histórica, porque atuou num país independente, de densidade cultural apreciável em comparação com a do século anterior. A partir de 1808 foi ininterrupto o movimento de criação dos mais diversos instrumentos culturais, inclusive as escolas de ensino superior, que o Brasil não possuía, obrigando os seus filhos a irem estudar na Europa, sobretudo Portugal. Assim é que foram surgindo bibliotecas, associações científicas e literárias, tipografias, jornais, revistas, teatros. Em torno do Instituto Histórico e Geográfico, fundado em 1838, e de revistas como a *Minerva Brasiliense* (1843-1845) e a *Guanabara* (1851-1855), organizaram-se, ao lado da pesquisa histórica, o debate de ideias e a análise crítica, inclusive com a formação de uma teoria nacionalista da literatura e com o estudo sistemático do passado literário. O segundo imperador, Pedro II (1825-1891), que reinou de 1840 a 1889, era homem culto e apaixonado pelo saber, tendo exercido não apenas o mecenato, mas um estímulo constante para o desenvolvimento das letras e das ciências — chegando ele próprio a participar sob pseudônimo de uma polêmica literária.

No decênio de 1840 apareceu o romance, gênero que teve grande êxito e mostrou excepcional vitalidade. Ao mesmo tempo floresceu o maior comediógrafo brasileiro, Martins Pena (1815-1848). Ambos os fatos enriquecem o panorama literário, quebrando pela sua tendência realista o sentimentalismo e a idealização romântica, que entretanto se manifestariam também no teatro e na narrativa, apesar de terem na poesia a sua sede principal.

Os primeiros poetas brasileiros considerados românticos são medíocres. Gonçalves de Magalhães (1811-1882) foi a princípio um árcade estrito, mas a sua estadia em Paris lhe trouxe a revelação das novas tendências, que abraçou com entusiasmo, vendo nelas sobretudo religião e patriotismo, sendo que a forma mais legítima deste estaria no indianismo, tendência a que consagrou um fastidioso poema épico em dez cantos. Chefe de escola, cioso da sua liderança, foi aclamado como fundador da literatura verdadeiramente nacional e reverenciado por um grupo de fervorosos seguidores. Mas na perspectiva de hoje o primeiro poeta romântico de valor é Gonçalves Dias (1823-1864), que é também o único indianista de interesse da nossa poesia. O seu poemeto "I-Juca Pirama", obra de grande qualidade, narra a história de um prisioneiro que vai ser sacrificado ritualmente por uma tribo inimiga. O relato se desdobra como demonstração de virtuosismo, usando os mais variados metros e sugerindo com rara maestria tanto os movimentos quanto as emoções.

A sua poesia lírica, na qual há mais alguns bons poemas, no tema indianista ou fora dele, se caracteriza pela segurança da língua, que soube manipular com pureza elegante, às vezes meio afetada. Os seus *Primeiros cantos* (1846) o consagraram como grande modelo dos jovens, e durante todo o Romantismo foi um dos pontos de referência da poesia brasileira. Foi também estudioso da etnografia e das línguas indígenas, além de teatrólogo de valor, com pelo menos uma peça que ainda hoje se representa bem: *Leonor de Mendonça* (1847).

Para compreender o indianismo é preciso lembrar o que dissemos páginas atrás sobre a transfiguração da natureza, exemplificando com o abacaxi. Depois da natureza, trata-se agora de uma transfiguração do aborígene, que nos séculos XVI e XVII foi apenas descrito, nem sempre com tolerância, e algumas vezes satirizado (como é o caso de Gregório de Matos). No século XVIII a Academia dos Renascidos (1759) deu destaque aos chefes indígenas que desempenharam papel importante no passado, incorporando-os à tradição brasileira. Pouco depois, os índios foram tratados com grande simpatia no *Uraguai*, de Basílio da Gama, e no *Caramuru*, onde Durão ressaltou a organização harmoniosa da sua vida. Por ocasião da Independência eles já estavam instalados no papel de elemento simbólico da pátria, prontos para o retoque decisivo que os românticos lhes darão, assimilando-os ao cavaleiro medieval, embelezando os seus costumes, emprestando-lhes comportamento requintado e suprema nobreza de sentimentos.

Mediante essa transfiguração, o indianismo foi importante histórica e psicologicamente, dando ao brasileiro a ilusão compensadora de um altivo antepassado fundador, que, justamente por ser idealizado com arbítrio, satisfez a necessidade que um país jovem e em grande parte mestiço tinha de atribuir à sua origem um cunho dignificante. Serviu inclusive para mascarar (como disse Roger Bastide) a herança africana, considerada então menos digna, porque o negro ainda era escravo e não fora idealizado pelas literaturas da Europa, que, ao contrário, fizeram do indígena um personagem cheio de encanto e nobreza, como se deu na obra de Chateaubriand e, na América do Norte, na de Fenimore Cooper.

No entanto, esteticamente o indianismo foi bem fraco e se desgastou no tempo de uma geração. A produção que suscitou está esquecida, salvo alguns poemas de Gonçalves Dias e algumas narrativas de José de Alencar, figura dominante do nosso Romantismo, autor de romances indianistas como *O guarani* (1857) e *Iracema* (1865), sendo que este é mais um poema em prosa. Ambos foram sempre populares e até hoje são estimados e lidos em larga escala, graças sobretudo à sedução do estilo e à convenção ao mesmo tempo sentimental e heroica que rege a caracterização dos personagens. O indianismo foi um fenômeno de adolescência nacionalista na literatura brasileira.

Talvez tenha sido também fenômeno de adolescência o lirismo subjetivo dos sucessores de Gonçalves Dias, correspondente à fase que os críticos portugueses chamam de ultrarromantismo. São dezenas de poetas de algum valor e meia dúzia que ainda pode interessar. Com eles a literatura brasileira alcançou públicos numerosos, atraídos pelo verso sentimental e fácil, parecendo confissão sincera de almas irmãs, muitas vezes postos em melodias que aumentavam a sua penetração, inclusive pela voga das serenatas. Tanto os versos de poetas mais duros, como Magalhães, quanto os de poetas extremamente fluidos, como Casimiro de Abreu, foram musicados e conquistaram o país.

Além dessa poesia sentimental, o Romantismo brasileiro conheceu a humorística e irônica, a satânica e a social, formando uma gama bastante extensa que aumentou a possibilidade de penetração junto a públicos amplos. Muito importante como ambiente que estimulava a produção, e ao mesmo tempo fornecia um primeiro nível de receptividade crítica e afetiva, foram as Faculdades de Direito, fundadas uma no Norte, em Olinda (transferida a seguir para Recife), outra no Sul, em São Paulo, no ano de 1827, e que foram os principais centros de formação das elites intelectuais e políticas do Império e da República em sua primeira fase. Sendo um grupo meio à parte, dotado de forte espírito corporativo, os estudantes constituíam um público literário privilegiado e uma caixa de ressonância para a literatura, que se difundiria em parte por meio deles.

Típico desse mundo juvenil foi o poeta que talvez seja o mais interessante do Romantismo brasileiro, Álvares de Azevedo (1831-1852), menino-prodígio que teve tempo, na vida breve, de se cultivar bastante e produzir uma obra relativamente volumosa, além de variada, que se publicou depois de sua morte com enorme êxito. Nela, sobressai o espírito crítico, inclusive no sentido próprio, pois ele escreveu ensaios sobre temas e autores com o tom declamatório característico do tempo, mas inegável discernimento dos valores literários. O mesmo discernimento aparece na maneira por que encarava a sua própria obra, deixando claro o intuito de criar a contradição e o choque de tonalidades, próprios do Romantismo. Na sua poesia há um lado sentimental que não se eleva muito acima dos chavões correntes na época. Mas há momentos de tensão dramática que a diferenciam e, sobretudo, um lado de ironia e sarcasmo que está em grande parte vivo pela contenção da ideia e a secura frequentemente humorística do verso. É o lado melhor e duradouro da dualidade antitética que ele denominava "binomia" e considerava norma da sua produção poética. O poema "Ideias íntimas" pertence a esta vertente, e no imperfeito mas sugestivo drama em prosa *Macário* se reúnem todas as suas facetas de leitor de Shakespeare, Byron, Hoffmann, Heine e Musset, com um gosto acentuado pelo satanismo que fascinou a sua geração.

O modo sentimental e intimista, colorido ou não pelo pessimismo mais ou menos satânico, é um tom geral nesse tempo entre os poetas jovens (muitos dos quais mortos na quadra dos vinte anos), e isso os tornou populares numa sociedade sequiosa de emoções fáceis. Alguns são quase femininos pela plangência melancólica e a delicadeza da expressão, como Casimiro de Abreu (1839-1860), que alcançou uma espécie de perfeição na banalidade e se tornou predileto das leitoras. Outros são mais ásperos, como o desesperado Junqueira Freire (1832-1855), em cuja obra irregular de frade revoltado há alguns momentos de lancinante emoção. Esses jovens poetas, que se apresentavam como rejeitados pelas convenções e incompreendidos pela sociedade, foram paradoxalmente os mais queridos e difundidos no Brasil do século XIX, chegando às camadas modestas pela onda de recitais e serenatas que cobriu o país.

Um pouco mais jovem, e tendo vivido mais tempo, Fagundes Varela (1841-1875) foi o último dos poetas ultrarromânticos de algum valor, e o que realizou obra mais ambiciosa, inclusive um longo e medíocre poema sobre a catequese, *Anchieta ou O evangelho nas selvas* (1875). Na poesia lírica ele levou ao máximo a fluidez cantante do verso rimado e a melodia do decassílabo solto, isto é, sem rimas. Com isso, e com um toque muito pessoal de devaneio, pôde criar alguns dos mais belos poemas do tempo, marcados pela atmosfera de magia e encantamento, que se encontram principalmente no livro *Cantos e fantasias* (1865). Uma característica de sua poesia é a oposição entre o universo do campo e o da cidade, que naquela altura do século já começava a crescer de importância. Outros traços dele são o que se poderia chamar de patriotismo continental, abrangendo a América, e o começo da poesia de solidariedade em relação aos escravos. Se por um lado foi sucessor dos ultrarromânticos, por outro é antecessor do lirismo social que marcará o fim do Romantismo no Brasil.

Pela altura dos anos de 1850 e 1860, um fato importante foi a voga do romance, que serviu de instrumento para revelar o país através da descrição de lugares e modos de vida. Há o romance de costumes, de um realismo misturado ao destempero melodramático, ou atenuado pelo bom humor mediano, na obra do fecundo Joaquim Manuel de Macedo (1820-1882), autor de um dos maiores sucessos de público da nossa literatura, *A Moreninha* (1844), narrativa ligeira e ingênua de amores convencionais da classe média, que se tornou verdadeiro padrão para os escritores mais jovens e deu ao gênero uma dignidade que consolidou o seu prestígio. Na obra de Macedo (mais de vinte romances, quase vinte peças de teatro, poemas, obras de divulgação, humorismo), aparece pela primeira vez no Brasil a figura virtualmente profissional do escritor, o homem que, mesmo não vivendo da sua obra (o que seria impossível no acanhado meio do Rio de Janeiro daquele tempo), se apresenta e é avaliado como produtor regular de textos que formam um conjunto, mediante o qual será aplaudido ou rejeitado. O seu papel social, sob este aspecto, foi decisivo.

Diferentes foram a obra e o destino de Manuel Antônio de Almeida (1831-1861), que viveu obscuro e morreu cedo, não seguiu modas literárias nem foi reconhecido em vida. Aliás, parece que não tinha grande confiança nos próprios méritos, pois o seu único livro, *Memórias de um sargento de milícias*, que apareceu primeiro sob forma seriada num jornal (1852-1853), depois em volume (1854-1855), saiu anônimo, e só depois da sua morte começou a ter prestígio. Em compensação, até hoje, e cada vez mais, é lido e querido pelo público e a crítica, atraídos pela bonomia e a simplicidade do realismo com que descreve a vida da pequena burguesia no começo do século XIX, com uma graça irônica, certo desencanto e o senso agudo dos caricaturistas. Por não ser um escritor ligado às esferas oficiais, livrou-se da convenção retórica e do sentimentalismo de praxe, encarando a realidade de maneira direta e expressiva.

Esses dois autores são do Rio de Janeiro, onde se situa quase toda a sua obra. Mas houve simultaneamente a entrada em cena de uma linha persistente da ficção brasileira, o regionalismo, aplicado em descrever os lugares remotos do interior, os costumes característicos e aquilo que divergia dos padrões urbanos. Essa tendência incorreu nos vícios habituais do gênero, que são o pitoresco superficial e as conclusões bem-pensantes sobre a pureza rural oposta ao artificialismo da cidade. Mas por outro lado teve a vantagem de ser uma descrição extensiva do país, revelando muita coisa do Brasil aos brasileiros, frequentemente presos demais às novidades europeias. Bernardo Guimarães (1825-1884) foi um dos mais destacados representantes do regionalismo daquele tempo, além de poeta de certo valor, sobretudo nalguns poemas obscenos, caricaturais ou anfigúricos, que formam uma contracorrente em relação à poesia geralmente bem-comportada dos seus pares.

Mas a grande figura de ficção brasileira dessa época foi José de Alencar (1829-1877), já mencionado como indianista. De certo modo ele ocupou o proscênio durante o espaço de uma geração e, apesar de ter morrido relativamente cedo, foi o primeiro escritor que se impôs à opinião pública como figura de eminência equivalente aos governantes, aos militares, aos poderosos. A sua obra extensa e desigual esteve sempre ligada a posições teóricas definidas e, por isso, nos aparece ainda hoje como um ato relevante de consciência literária e nacional.

Inspirado pelo exemplo da *Comédia humana*, de Balzac, tencionou representar os diversos aspectos do país, inclusive em épocas passadas, através de narrativas ficcionais cujo pressuposto formal era a liberdade da expressão brasileira em relação às normas portuguesas. Apesar de conhecer muito bem o idioma e escrever com perfeita correção, flexibilizou a língua e procurou tonalidades diferentes para descrever a natureza e a sociedade.

A vida colonial foi objeto de diversos romances dele, inclusive os dois citados, onde o índio aparece no seu ambiente (*Iracema*) ou em contato com o colonizador (*O guarani*). Em *As minas de prata* (1862-1866) e mais dois romances narrou aventuras ligadas a episódios históricos. Noutros, tratou da vida

47

sentimental com a pieguice corrente no tempo, como é o caso de *A pata da gazela* (1870) ou *Sonhos d'ouro* (1872). Às sociedades rurais do extremo Sul, do Centro e do Nordeste, consagrou três narrativas. Mas a parte mais atual da sua obra é para nós *Perfis de mulher*: *Diva* (1864), sobretudo *Lucíola* (1862) e *Senhora* (1875).

Nos dois últimos, Alencar denota a capacidade de analisar a personalidade em confronto com as condições sociais, entrando pelo estudo da prostituição e da venalidade matrimonial com uma força desmistificadora que era novidade na literatura brasileira do tempo. Apesar das concessões ao gosto médio, inclusive a punição dos *erros* e os finais artificialmente felizes, consegue elaborar narrativas fortes, com situações simbólicas muito eficientes e notável adequação da linguagem.

Foi também autor teatral de algum mérito, jornalista, ensaísta político de ideias conservadoras, preconizando o fortalecimento da autoridade pela efetiva participação do imperador nas decisões políticas e administrativas.

O último poeta romântico de importância foi Castro Alves (1847-1871), que superou a plangência dos ultrarromânticos, tanto pela sensualidade exuberante e força plástica, quanto pelo corte humanitário da sua poesia social. Muito influenciado por Victor Hugo, foi como ele capaz de percorrer uma gama extensa, das tonalidades épicas ao lirismo sentimental. Mais de um crítico viu que havia nele um orador em verso, cuja eloquência arrebatava os auditórios e desempenhou papel importante, mesmo depois de sua morte, na campanha pela abolição da escravidão negra, que a partir de 1870 conquistou aos poucos a opinião pública do país. Essa eloquência ocorre também no calor da sua lírica amorosa e o afasta das tonalidades médias do lirismo romântico. Praticando o jogo das antíteses e inflando o verso pela hipérbole, é também um poderoso criador de imagens. Mas essas qualidades deslizam frequentemente para a ênfase e a intemperança verbal, como se a sua extrema energia de expressão o levasse a perder o equilíbrio. Nele, devemos estar preparados para ver o melhor passar de repente para o pior.

O único livro que publicou em vida foi *Espumas flutuantes* (1870). Depois da sua morte foram reunidos os poemas abolicionistas em *A Cachoeira de Paulo Afonso* (1876) e publicado o drama político *Gonzaga ou A revolução de Minas* (1875).

No decênio de 1870 o quadro cultural do Brasil era bem diverso do que fora na primeira metade do século, em seguida ao desenvolvimento econômico e ao progresso material dos anos de 1850 e 1860, prejudicados em parte pela sangrenta guerra contra o Paraguai (1865-1870), que abalou a sociedade tradicional e abriu caminho para grandes transformações. O Rio de Janeiro foi modernizado; desenvolveu-se a viação férrea; houve sensível atualização da informação científica e filosófica; aperfeiçoou-se o ensino superior de cunho técnico; a imprensa ganhou amplitude e apareceram novas revistas de excelente nível, como a *Revista Brasileira* (2ª fase, 1879-1881), enquanto a erudição e a pesquisa documentária, antes reduzidas quase apenas à *Revista do Instituto Histórico e Geográfico Brasileiro*, fundada em 1839, recebeu o apoio dos importantes *Anais da Biblioteca Nacional* a partir de 1878. Os estudos literários tiveram grande desenvolvimento, com edições dos escritores brasileiros antigos e contemporâneos, muitas delas contendo importantes elementos biográficos e históricos, devidos a estudiosos dos quais se destaca pela sua operosidade e consciência Joaquim Norberto (1820-1891). A essa altura, já havia públicos relativamente densos, uma pequena tradição dos estudos literários, associações e movimentos mais ou menos duradouros, casas editoras em boa atividade, umas imprimindo os livros aqui, outras em Portugal ou na França, como a mais importante delas, Garnier, que foi um notável meio de difusão cultural. Havia inclusive um começo de amadurecimento na consciência crítica, que passara do nacionalismo indiscriminado dos primeiros tempos, baseado sobretudo no louvor e na exigência de temário específico, para as tentativas de correlacionar a produção literária com a sociedade e avaliar as obras segundo padrões mais universais.

Uma curiosa figura desse momento de transição foi Franklin Távora (1842-1888), paladino do regionalismo e, sob este aspecto, representando uma força de resistência ao movimento mais fecundo da literatura, que era a expressão integrada, sem preconceito localista, aberta para as relações normais com as culturas matrizes da Europa. Embora ligado ao movimento cultural de renovação, e embora fosse um dos diretores da citada *Revista Brasileira*, como teórico e como romancista é um homem cheio de nostalgias do passado. Natural do Nordeste, escreveu romances localizados no século XVIII em Pernambuco, nos quais a tônica regional era vista na perspectiva da história, como se ele desejasse manifestar a dimensão completa da sua região. Távora achava que esta havia produzido uma literatura independente da do Sul, e que no Brasil se deveria reconhecer esta dualidade, certamente com o intuito de evitar a absorção das atividades culturais das regiões pela predominância cada vez mais definida do Rio de Janeiro. A posição restritiva de Távora é forma extremada de uma dialética secular do Brasil: a tensão entre particularismo e centralismo, na política e na cultura.

Inteiramente diverso foi outro regionalista, Alfredo d'Escragnolle Taunay (1843-1899), do Rio de Janeiro, escritor de maior envergadura e formação cosmopolita, embora profundamente identificado ao país, que conheceu bem como engenheiro militar, combatente da guerra do Paraguai e administrador de províncias. O seu romance *Inocência* (1872) é talvez o melhor na produção regionalista do tempo. Mas ele escreveu outros, muito interessantes, sobre a vida dos grandes proprietários rurais e a alta sociedade do Rio de Janeiro, encerrando a carreira com uma curiosa narrativa, *No declínio* (1899), sobre o descompasso entre a paixão e o envelhecimento. A ele devemos o livro mais sugestivo a respeito da guerra (*A retirada da Laguna*, 1871), memórias, estudos críticos sobre literatura e música. Na sua obra se manifesta a linha mais equilibrada de uma literatura jovem que deseja se afirmar sem perder contato com as origens supernacionais.

Nos anos de 1870 e 1880, como vimos, houve dois movimentos de ideias que sacudiram o país e tiveram grande efeito, tanto na vida mental quanto na vida social: a divulgação das novas correntes europeias de pensamento e o Abolicionismo, ou seja, a campanha pela abolição do regime servil, afinal decretada em 1888 por uma decisão governamental que abalou os alicerces da sociedade brasileira, condenando a monarquia ao alienar o apoio que lhe davam os grandes proprietários territoriais, senhores dos escravos.

Para a literatura, esta campanha importa na medida em que inspirou poemas, como os já citados de Castro Alves, e romances, como *A escrava Isaura* (1875) de Bernardo Guimarães, ou *As vítimas-algozes* (1869), novelas de Joaquim Manuel de Macedo. Além disso, suscitou discursos, ensaios, artigos sem conta, entre os quais é preciso destacar os de Joaquim Nabuco (1849-1910), figura impressionante de aristocrata que esposou as causas populares. Escritor de grande qualidade, seu livro *O abolicionismo* (1883) é um dos exemplos mais altos do ensaio político no Brasil, marcado por uma radicalidade generosa que aparece também nos seus discursos e conferências desse momento. Depois da Proclamação da República, em 1889, Joaquim Nabuco passou um longo período de afastamento da vida pública, durante o qual escreveu a sua maior obra, *Um estadista do império*, em três volumes (1897-1899), onde, a partir da biografia de seu pai, político eminente, traçou do reinado de Pedro II um panorama admirável, considerado por muitos a obra-prima da historiografia brasileira.

Outra forma de radicalidade foi o movimento das novas ideias filosóficas e literárias que começou mais ou menos em 1870 e se estendeu até o começo do século XX, tendo como núcleo inicial a cidade do Recife, capital de Pernambuco, e sua Faculdade de Direito. Lá e em outros centros, como o Ceará e sobretudo o Rio de Janeiro, desenvolveu-se um agudo espírito crítico, aplicado em analisar de maneira moderna a sociedade, a política, a cultura do Brasil, com inspiração, primeiro no Positivismo, de Auguste Comte; em seguida, nas diversas modalidades de Evolucionismo, das quais teve aqui maior voga a filosofia de Herbert Spencer. Acrescente-se a divulgação das novas ciências como biologia, linguística, etnografia, antropologia, física. A este movimento, e à literatura que sofreu o seu impacto, o crítico José Veríssimo chamou "Modernismo", designação justa, mas que não pegou.

Foi de fato uma transformação cheia de modernidade, que pôs em xeque o idealismo romântico e as explicações religiosas, questionando a legitimidade das oligarquias, propondo explicações científicas e interpretações de cunho relativista e comparativo, inclusive pela mudança profunda nos estudos de direito, que formavam o centro da cultura acadêmica. Geralmente republicanos, abolicionistas e alguns deles até próximos do socialismo, esses intelectuais questionaram os fundamentos tradicionais da sociedade brasileira, como a monarquia, a religião, as hierarquias do privilégio, procurando explicações nas forças do meio e da raça, considerados então fatores que permitiam conhecer cientificamente os produtos da cultura. É o que um dos jovens inovadores chamava orgulhosamente "método quantitativo", em substituição ao "método qualitativo" baseado nas impressões e no gosto. A partir daí surgiu o Naturalismo em estética e em crítica, substituindo as concepções românticas.

Nesse tempo podemos considerar como configurado e amadurecido o *sistema* literário do Brasil, ou seja, uma literatura que não consta mais de produções isoladas, mesmo devidas a autores eminentes, mas é atividade regular de um conjunto numeroso de escritores, exprimindo-se através de veículos que asseguram a difusão dos escritos e reconhecendo que, a despeito das influências estrangeiras normais, já podem ter como ponto de referência uma tradição local. O sinal deste amadurecimento é a obra de Machado de Assis (1839-1908). Para muitos o maior escritor que o Brasil teve até hoje, ele era simbolicamente filho de um operário mulato e de uma pobre imigrante portuguesa, reunindo na sua pessoa componentes bem característicos da população brasileira do tempo.

III.
O sistema literário consolidado

Machado de Assis era dotado de raro discernimento literário e adquiriu por esforço próprio uma forte cultura intelectual, baseada nos clássicos mas aberta aos filósofos e escritores contemporâneos. Apesar da condição social modesta, impôs-se aos grupos dominantes pela originalidade da obra e o vigor da personalidade discreta, chegando a um reconhecimento público que raros escritores conseguiram no Brasil. Na velhice, era considerado a figura mais importante das letras e objeto de uma veneração quase sem exceções.

Sua obra é variada e tem a característica das produções eminentes: satisfaz tanto aos requintados quanto aos simples. Ela tem, sobretudo, a possibilidade de ser reinterpretada à medida que o tempo passa, porque, tendo uma dimensão profunda de universalidade, funciona como se se dirigisse a cada época que surge. Ele foi excelente jornalista, razoável poeta e comediógrafo de certo interesse. Mas foi sobretudo ficcionista, autor de nove romances e mais de uma centena de contos, quase sempre de alta qualidade. A melhor fase de sua produção começou na idade madura, quando atingiu os quarenta anos, mas desde o começo já eram pessoais o seu estilo e visão do mundo.

Além de certas coletâneas de contos, como *Papéis avulsos* (1882), *Histórias sem data* (1884), *Várias histórias* (1896), sobressaem na sua obra os seguintes romances: *Memórias póstumas de Brás Cubas* (1881), *Quincas Borba* (1891), *Dom Casmurro* (1899), *Esaú e Jacó* (1904), *Memorial de Aires* (1908).

Um dos traços salientes da narrativa de Machado de Assis é o afastamento das modas literárias, que lhe permitiu grande liberdade no tratamento da matéria. Ele é um continuador sui generis de Joaquim Manuel de Macedo e José de Alencar, quanto ao tipo de sociedade incorporada à ficção. Mas se afasta deles na qualidade do estilo e na singularidade do olhar. A sua linguagem não tem a banalidade de um nem a ênfase do outro: tem a simplicidade densa que é produto extremo do requinte e a fascinante clareza que encobre significados complexos, de difícil avaliação. Em face da sua obra, toda conclusão do leitor é um risco, porque nela o senso do mistério que está no fundo da conduta se traduz por um desencanto aparentemente desapaixonado, mas que abre a porta para os sentidos alternativos e transforma toda noção em ambiguidade.

Portanto, há nele um elemento fugidio, que provoca perplexidade e é uma das suas forças. Ele parece, por exemplo, contemplar com ceticismo a vida do seu tempo, e de fato assim é. No entanto, nos refolhos da frase, no subentendido das cenas, no esforço aparentemente casual da descrição, estão escondidos o interesse lúcido pela realidade social e o sentimento das suas contradições. Do mesmo modo, consegue despistar o leitor por meio de uma frieza irônica que pode significar desapreço pelo homem, mas pode ser também um método de afastamento, recobrindo a compreensão piedosa. Por causa dessa capacidade de fundir frieza e paixão, serenidade e revolta, elegância e violência, a sua escrita é um prodígio de elaboração, que, tendo-se despojado dos acessórios, é sempre moderna, apesar de raros traços de preciosismo. Graças à riqueza do seu texto, Machado de Assis é o primeiro narrador brasileiro que suporta uma leitura filosófica. Além disso, seus temas foram incrivelmente precursores, obrigando a crítica atual, para explicá-lo, a evocar autores que vieram depois, como Pirandello, Proust, Kafka, sem falar de seu contemporâneo Dostoiévski.

Note-se que talvez ele seja o primeiro escritor que teve noção exata do processo literário brasileiro, em alguns artigos de rara inteligência crítica. O ensaio "Instinto de nacionalidade" (1873) faz um balanço das tendências nacionalistas, sobretudo o indianismo, mostrando que a absorção nos temas locais foi um momento a ser superado, e que a verdadeira literatura depende não do registro de aspectos exteriores e modismos sociais, mas da formação de um "sentimento íntimo" que, embora fazendo do escritor um homem "do seu tempo e do seu país", assegure a sua universalidade. Há nesse ensaio uma espécie de reivindicação tácita do direito à expressão liberada das injunções contingentes do nacionalismo estético, o que faz dele, como de outros escritos de Machado de Assis, um certificado de maioridade da literatura brasileira através da consciência crítica.

Nesse tempo foi importante o desenvolvimento da crítica literária, orientada pela divulgação científica e pelos teóricos positivistas ou naturalistas (em sentido amplo), como Taine, que inspirou mais de uma geração brasileira. Sílvio Romero (1851-1914), ruidoso e combativo, preconizou o estudo da literatura pelos fatores externos e a personalidade do autor, vinculando a história literária a uma teoria da sociedade e da cultura com base no conceito de raça, que era então decisivo no pensamento. Mau crítico, forte agitador de ideias, historiador literário de vistas amplas, foi um motor eficiente de modernização, e a sua *História da literatura brasileira* (1888) é um marco importante, pois mostrou como a produção literária do país já formava um corpus, dotado de características distintivas. Devem-se a ele estudos de filosofia, sociologia, política e as primeiras coletâneas amplas da literatura oral, que analisou segundo o critério étnico, opinando que era a base indispensável para o estudo das formas eruditas.

O honesto e equilibrado José Veríssimo (1857-1916) procurou nortear a análise pela composição e a linguagem, embora num sentido às vezes demasiado gramatical. Exerceu nos jornais o comentário de livros, de modo constante, com grande senso de responsabilidade, produzindo no Brasil a primeira obra crítica que funcionou como testemunho da produção de cada dia. Os seus ensaios e artigos, reunidos nos *Estudos de literatura brasileira* (seis séries entre 1901 e 1907), formam um conjunto de grande importância; a *História da literatura brasileira* (1916), onde se orienta sobretudo pelas qualidades estéticas e o significado histórico, é das melhores que temos até hoje.

Araripe Júnior (1848-1911) foi o mais inquieto e original dos três. Embora tenha começado pela visão estreita das influências do meio físico sobre a cultura, acabou desenvolvendo o senso da estrutura literária, com grande liberdade de apreciação. Menos valorizado no seu tempo, modesto a ponto de deixar esparsa grande parte dos seus escritos, tende hoje a ser mais apreciado que os outros dois, que formam com ele a chamada "tríade" da crítica brasileira tradicional. A ele devemos a primeira grande monografia crítica sobre um autor brasileiro, José de Alencar (1882). E a amplitude dos seus interesses é evidenciada pelo assunto de seu último livro: uma monografia sobre Ibsen (1911).

Esses autores, mesmo o inconformado Sílvio Romero, fizeram parte da Academia Brasileira de Letras, fundada em 1897, da qual Machado de Assis foi presidente até a morte, em 1908. Ela nasceu das reuniões na redação da excelente *Revista Brasileira* (3ª fase, 1895-1899), dirigida por José Veríssimo, e corresponde a uma certa aliança entre a literatura, os poderes e o gosto médio, favorecendo uma produção convencional, bem-aceita pela ideologia dominante.

Ao contrário dos críticos do tempo do Romantismo, os dessa fase tiveram que enfrentar uma realidade literária e ideológica muito mais complexa e móvel, pois a reação antirromântica desaguou numa variedade de tendências, denominadas, segundo os modelos franceses que as inspiraram, Naturalismo, Parnasianismo, Simbolismo. Simultaneamente, desenvolveram-se em relação à sociedade brasileira pontos de vista mais críticos e realistas, expressos por um ensaísmo pouco conformista, que encontrava paralelo na visão desmistificadora e contundente dos narradores mais avançados.

Isto é visível na obra desabusada de muitos destes, os que focalizaram com franqueza inovadora a miséria, o isolamento geográfico, a exploração econômica, a sexualidade. Inglês de Sousa (1853-1918) expôs os conflitos morais e sociais na Amazônia, região imensa e despovoada, onde é máximo o contraste entre a vida primitiva e a civilização urbana. Ela é o cenário de todos os seus livros, dos quais o mais importante é um dos últimos, *O missionário* (1891), história da luta de um jovem padre contra os instintos, que parecem estar presentes também na vitalidade gigantesca da selva. No mau romance *A carne* (1888), Júlio Ribeiro (1845-1890) escandalizou e fascinou os leitores com uma descrição de franqueza nunca vista sobre a vida do sexo, misturando à narrativa o arsenal da divulgação científica próprio da época. Adolfo Caminha (1867-1897), indo mais longe e fazendo obra bem melhor, escreveu o primeiro romance brasileiro centralizado pelo homossexualismo: *Bom crioulo* (1895).

Dos muitos narradores de tendência naturalista, o mais importante foi Aluísio Azevedo (1857-1913), que era também caricaturista e jornalista. Esta circunstância influiu na sua escrita e, quando avultou de maneira excessiva, comprometeu-a sob a forma de esquematização e sensacionalismo. Alguns dos seus muitos romances são apreciáveis, inclusive um dos primeiros, apesar dos traços melodramáticos, *O mulato* (1881), estudo do preconceito de cor, tão odioso quanto irracional num país mestiço como o Brasil. Mais seco e melhor construído é *Casa de pensão* (1884), violenta descrição dos descaminhos e da morte de um estudante. Mas ele só alcançou a maestria n'*O cortiço* (1890), que denota influência direta de Émile Zola, sendo o único dos seus livros que se sustenta plenamente.

É a história de uma habitação coletiva do Rio de Janeiro, segundo uma visão naturalista que se desdobra em simbolismos curiosos, inclusive porque percebemos que o cortiço é no fundo o próprio Brasil, regido pela exploração econômica do estrangeiro e a sujeição do povo humilde, que então era composto em grande parte de negros, mestiços e imigrantes pobres. *O cortiço* ilustra uma contribuição importante do romance naturalista: a ampliação do panorama ficcional, pela franqueza realista com que descreveu e deu destaque a esta parte da população e seus ambientes, como se estivesse rejeitando a velha tendência transfiguradora da nossa literatura.

Fica meio à parte o atormentado e refinado Raul Pompeia (1863-1895), autor de *O Ateneu* (1888), história de um menino sensível num colégio interno, onde aprende a vida em resumo, fazendo a experiência perturbadora do contraste que opõe a moral e a pedagogia ostensivas a toda a sorte de desvios e falhas. A sua escrita é elaborada até o excesso, procurando efeitos plásticos e sonoros em obediência a uma visão *artiste* que mistura o preciosismo à angústia, com vigor narrativo devido em parte à revolta de um espírito inquieto e inconformado, que parece transitar do autor ao protagonista.

Entre o começo do decênio de 1880 e o começo do decênio de 1890 surgiram sucessivamente o Parnasianismo e o Simbolismo, inspirados nos movimentos franceses do mesmo nome, com alguma influência portuguesa lateral. Os parnasianos brasileiros se distinguem dos românticos pela atenuação do sentimentalismo e da melancolia, a ausência quase completa de interesse político no contexto da obra (embora não na conduta) e (como os modelos franceses) pelo cuidado da escrita, aspirando a uma expressão de tipo plástico. Para isso deram preferência aos metros de dez e doze sílabas e procuraram ritmos menos cantantes nos metros menores. Quanto às formas, restauraram o soneto (que os românticos haviam abandonado quase por completo), encontrando na sua estrutura rigorosa um limite que estimulava a concisão, o escorço plástico e a expressão concentrada da ideia e do sentimento. Apesar de alegarem nos pronunciamentos a impassibilidade em face das emoções, esses poetas foram na prática carregados de emotividade e paixão em grande parte de suas obras. Quanto à linguagem, apegaram-se ao rigor gramatical e restauraram muito da dicção dos clássicos, fazendo deste modo um retorno à tradição. Provavelmente isto contribuiu para lhes dar voga e credibilidade, pois facilitava o entrosamento com as aspirações dominantes da cultura oficial. O mito da pureza da língua, do casticismo vernacular abonado pela autoridade dos autores clássicos, empolgou toda essa fase da cultura brasileira e foi um critério de excelência. É possível mesmo perguntar se a visão luxuosa dos parnasianos (e de alguns simbolistas), a sua descrição de vasos de porcelana, salas de mármore, metais preciosos, joias, tecidos raros, não representava para as classes dominantes uma espécie de correlativo da prosperidade material, e, para o comum dos leitores, uma miragem compensadora que dava conforto. Essa visão externa e opulenta aparece também no tratamento que os parnasianos deram ao corpo feminino, descrevendo-o com extrema sensualidade como se fosse estátua viva — portanto (numa leitura desmistificadora) reduzida ao nível dos objetos preciosos. Além disso, deram um cunho de esplendor plástico à natureza e à frase, como se a ênfase de uma correspondesse à exuberância da outra. E o fato de praticarem formas poéticas fechadas fez com que o poema se tornasse nas mãos deles uma espécie de jogo mecânico, que facilitou a manifestação dos meros versejadores.

Da legião de poetas deste tipo, acadêmicos no sentido largo da palavra, alguns se destacam, sobretudo Olavo Bilac (1865-1918), que no começo da carreira escreveu poemas ornamentais sobre temas gregos e romanos, e depois encontrou um caminho melhor no lirismo amoroso, destacando-se, no seu livro *Poesias* (1888), a série denominada "Via Láctea", 35 sonetos formando o roteiro de uma paixão, expressa com ênfase calorosa que parece desmentir os pressupostos dessa corrente. Na sua obra há sonetos descritivos muito bem realizados e também poemas de inspiração nacionalista. Na fase final, nova sequência de sonetos (*Tarde*, 1919), cuja característica é o desencanto, e que decepciona devido ao contraste entre a imponência do tom e a banalidade dos conceitos.

Olavo Bilac se interessou pelos problemas educacionais, elaborando livros didáticos de tonalidade patriótica; e, depois de certo radicalismo na mocidade, acabou adotando um nacionalismo convencional, em campanhas pela regeneração do país por meio da instrução universal e do serviço militar obrigatório. Como se vê, havia no corte bastante convencional do Parnasianismo um componente de identificação aos pontos de vista do establishment.

Completamente desinteressados de ação política e social foram os outros dois parnasianos geralmente considerados seus pares: Alberto de Oliveira e Raimundo Correia.

A obra de Alberto de Oliveira (1857-1937) envelheceu muito, com a estranha mistura de solenidade e vulgaridade, servidas por uma perfeita ciência da versificação. A sua principal capacidade era descrever, descrever sempre, com banalidade ou requinte. Grande leitor dos clássicos, fez sonetos à maneira dos barrocos e dos árcades, com um rebuscamento que chega a atrair o leitor, dando-lhe a impressão de estar diante duma complicada peça de museu. De raro em raro, aparecem na sua obra extensa e prolixa poemas de grande valor, que permitem conservá-lo na história da literatura. Mais simples e menos desigual foi Raimundo Correia (1859-1911), que, apesar de alguns poemas notáveis devido ao toque da fantasia ou à força sugestiva das descrições, raramente supera a mediania. Um dos aspectos negativos de sua obra é o gosto pelo poema filosofante, que o aproxima quase sempre do lugar-comum.

O Parnasianismo brasileiro se articulou, como vimos, com o purismo gramatical e o rebuscamento da linguagem. Por isso devemos mencionar na mesma chave certos preciosos "cultores da forma" (como se dizia), do tipo de Coelho Neto (1864-1934), escritor probo e laborioso, de uma espantosa fecundidade, capaz de construir romances interessantes, quando não ficavam sufocados pela exuberância da sua prosa, na qual se infiltram elementos "decadentes" finisseculares. Mas o gosto médio do Brasil sentiu-se realmente representado por um jurisconsulto, político e sobretudo orador de grande envergadura intelectual, Rui Barbosa (1849-1923), abolicionista, propagandista da República, ministro, senador, candidato duas vezes derrotado à presidência, campeão das posições liberais e, na última fase da vida, corajoso opositor do autoritarismo militarista. Autor de obra imensa, defendeu tenazmente a correção gramatical e refletiu o pedantismo da época no seu estilo elaborado, a serviço de um pensamento generoso. Para o brasileiro médio, Rui Barbosa foi, durante algumas gerações, o padrão da inteligência nacional e o modelo da melhor escrita.

A busca da perfeição pela correção gramatical, a volta aos clássicos e o rebuscamento marcam uma atitude de tipo aristocrático e constituem um traço saliente da fase que vai dos anos de 1880 até a altura de 1920, correspondendo a um desejo generalizado de elegância ligado à modernização urbana do país, sobretudo sua capital, Rio de Janeiro. Do ponto de vista da literatura, foi uma barreira que petrificou a expressão, criando um hiato largo entre a língua falada e a língua escrita, além de favorecer o artificialismo que satisfaz as elites, porque marca distância em relação ao povo; e pode satisfazer a este, parecendo admiti-lo a um terreno reservado. Essa cultura acadêmica, geralmente sancionada pelos Poderes, teve a utilidade de estimular, por reação, o surto transformador do Modernismo, a partir de 1922.

O Simbolismo brasileiro poderia ter sido, e foi na intenção de alguns dos seus adeptos, uma contracorrente inconformista, radicalmente oposta ao formalismo triunfante dos parnasianos e dos oradores consagrados. Mas, apesar dos intuitos, conservou muita coisa deles e teve a pouca sorte de ser praticado por poetas e prosadores na maioria medíocres, não merecendo representar os fermentos de reforma contidos na sua atitude estética. Ele coexistiu com o Parnasianismo e se misturou a ele, mas pôs em jogo uma série de concepções e práticas que acabaram por dissolver a rotunda imponência da literatura oficial, como o gosto pela imprecisão, o vocabulário místico, a quebra da rigidez no verso e a prática do verso livre. Este aparece sobretudo em representantes menores, mas foi uma significativa tomada de posição.

Além dos vagos sinais precursores, o começo do Simbolismo brasileiro costuma ser datado de 1893, quando apareceram dois livros de Cruz e Sousa (1861-1898), o único escritor eminente de pura raça negra na literatura brasileira, onde são numerosos os mestiços. Formado dentro da filosofia evolucionista, sofreu o impacto de Baudelaire e sentiu a atração do vago espiritualismo finissecular, que lhe permitiu elaborar poemas cheios de sugestiva nebulosidade. Tanto na vertente mais tipicamente simbolista, quanto na vertente ainda parnasiana, manifestou grande poder verbal, que chega à expressão palavrosa e até incoordenada (sobretudo nos poemas em prosa), mas é redimida aqui e ali pela felicidade dos achados poéticos. A coexistência do cinzelador, artífice de sonetos perfeitos, com o sonhador que procura alargar o limite das palavras em busca do indefinível, dá à sua obra um caráter curiosamente ambíguo, uma tensão espiritual pouco frequente na poesia do tempo.

O outro poeta simbolista de valor, Alphonsus de Guimaraens (1870-1921), foi bem diferente de Cruz e Sousa, nada tendo de parnasiano nem de verboso. O seu verso é simples, de uma musicalidade feita de tons menores, dotado de um encantamento meio deliquescente, próprio para exprimir os estados de ternura e contemplação, a visão sonhadora das coisas e dos sentimentos. Profundamente católico, a sua religiosidade parece feita de experiência interior e encantamento exterior pelo culto, a ponto de gerar uma poesia devota e litúrgica no sentido exato dos termos. Esse estado de ânimo estabelece a reciprocidade entre lirismo amoroso e lirismo religioso, criando uma atmosfera de sentimentalismo onde o afeto se torna culto, e o culto adquire a ternura familiar dos afetos singelos. Escreveu bastante em francês e o seu poeta afim é Verlaine, mas um Verlaine sem combatividade nem satanismo, como o que se manifesta em *La Bonne Chanson* e *Sagesse*.

Excetuados esses dois, os poetas e prosadores do Simbolismo brasileiro foram de qualidade muito inferior. Porém, no conjunto formaram grupos interessantes e sobretudo uma "atmosfera". Alguns deles, postos à margem da cultura de tipo oficial, representam certo inconformismo, através da excentricidade e do culto pelo esoterismo (que em alguns casos chegou à prática), aos quais podia se acrescentar a simpatia pelo anarquismo, misturada algumas vezes à admiração por Nietzsche. De certo modo foram mais modernos que os "cultores da forma", praticando ousadias, como o que se pode chamar poema-figura (palavras dispostas em forma de losango, triângulo, taça), a página colorida, a substituição do livro pelo estojo, no esforço de usar os elementos visuais como elementos de significação. Mais para o fim do período o Simbolismo foi-se dissolvendo numa poesia de tipo crepuscular, que convergiu com a influência das vanguardas europeias para gerar a transformação modernista, ao longo da qual a sua herança sobreviveu em grupos de tendência espiritualista.

O principal apoio crítico do Simbolismo foi dado por Nestor Victor (1868-1932), crítico literário que combateu tenazmente o Parnasianismo e o pensamento positivista-naturalista, afinando com a reação espiritualista devida a escritores e pensadores como o filósofo Farias Brito (1862-1917).

Nos primeiros anos do século XX apareceram algumas obras de gêneros diversos, que marcam uma espécie de ruptura inconformada com as tendências predominantes. É o caso de *Os sertões* (1902), de Euclides da Cunha (1866-1909), narrativa da luta entre grupos rurais dirigidos por um líder messiânico e as tropas do exército, que transformaram a repressão em guerra de extermínio, encerrada em 1897. O autor esteve como correspondente de um jornal na última fase da luta e sentiu toda a tragédia do choque de culturas. Graças à conjunção de um acontecimento dramático, da férvida imaginação de um observador privilegiado e da força de um estilo enfático, a opinião pública sentiu que a sociedade brasileira repousava sobre a contradição entre o progresso material das áreas urbanizadas e o atraso que marginalizava as populações isoladas do interior. Faltou a Euclides da Cunha apenas salientar a miséria que acompanha esta situação de abandono, para mostrar que se tratava de algo quase tão grave quanto a escravidão, que tinha sido abolida pouco antes. Ele baseou o seu livro no esquema determinista em voga naquele tempo, indicando como o meio físico e a raça condicionavam os grupos sociais, e como a diferença de ritmos da evolução gerava desarmonias catastróficas. A sua escrita transforma a pretendida objetividade científica em testemunho indignado e lúcido, resultando em denúncia do exército e da política dominante. Apesar disso, Euclides da Cunha (que tivera formação na Escola Militar) foi glorificado de imediato e o seu livro tornou-se um clássico, conhecendo um dos maiores êxitos editoriais que o Brasil vira até então. Um dos motivos disto pode ter sido o fato de ter ele despertado na consciência das classes médias o sentido de problemas que ela ignorava ou recalcava. Mas deve ter contribuído, também, o voo retórico do estilo, inclusive no rebuscamento do vocabulário e das construções sintáticas, bem-vindos aos "cultores da forma".

Ao contrário, ficou na meia obscuridade outro escritor de alta tensão crítica, este um verdadeiro inconformado, que se pôs voluntariamente à margem da sociedade dominante, pela repulsa dos seus padrões: Lima Barreto (1881-1922). Contrariando as normas preconizadas, a sua escrita é cursiva e a mais simples possível, buscando o ritmo coloquial, despreocupada da "pureza vernácula", frequentemente incorreta, parecendo desafiar intencionalmente a gramática. A sua tendência mais natural era o comentário jornalístico e a apresentação pitoresca de costumes, regidos pelo sarcasmo e dirigidos contra o pedantismo, a falsa ciência, as aparências hipócritas da ideologia oficial. Mas o bloco principal de sua obra é a narrativa, que deixa a impressão de esforço mal realizado, apesar da generosidade das posições. Nela se destaca o romance *O triste fim de Policarpo Quaresma* (1915), sátira quase trágica dos equívocos do patriotismo (muito invocado naquela fase inicial da República), onde conta a destruição de um inofensivo idealista pela realidade feia e mesquinha da política e dos fariseus.

Augusto dos Anjos (1884-1914) foi também um marginal, não pela conduta, mas pela singularidade do seu único livro, *Eu* (1912). São poemas, na maioria sonetos, quase únicos na literatura brasileira. A sua escrita aproveita a divulgação científica que dominou o fim do século XIX e que ele elaborou num verdadeiro sistema poético, marcado pela influência de Baudelaire e do português Antero de Quental, além da de Cruz e Sousa. A sua matéria são o micróbio, a célula, o embrião, o escarro, a ferida, a decomposição da carne, que ele combina em poemas pessimistas e agressivos, fascinado pela cadeia que liga o infinitamente pequeno ao infinitamente grande, o destino da matéria e a vertigem dos mundos. As suas imagens são tomadas à ciência e à técnica, cravando-se na sonoridade agressiva de um verso que incorpora a ênfase retórica e o mau gosto com tamanho destemor, que a aparente vulgaridade torna-se grandiosa e a oratória sai da banalidade para gerar uma espécie de mensagem apocalíptica.

Esses primeiros anos do século XX (momento de grandes transformações materiais e sociais) foram fecundos e desiguais na literatura. A vida literária, centralizada de maneira absorvente pelo Rio de Janeiro, conheceu um período de grande sociabilidade, com a moda das conferências, a multiplicação de jornais e revistas, o número crescente de poetas, narradores, ensaístas. Nota-se a coexistência aparentemente insólita de um surto regionalista e da literatura de salão, elegante, por vezes frívola, imitando as modas francesas e sofrendo influências de Oscar Wilde, D'Annunzio e outros.

Desses escritores sociáveis deve ser mencionado o fecundo Afrânio Peixoto (1876-1947), romancista de vários temas (inclusive regionalistas), ensaísta, divulgador, que encarnou os aspectos mundanos e oficiais da literatura, com base na Academia Brasileira de Letras, na qual estimulou a publicação de textos raros. A ele deve-se a introdução do conceito de Pré-Romantismo em nossa crítica, além de estudos interessantes de literatura comparada.

O regionalismo a que aludo entrou em voga nos anos de 1890 através do conto e teve até o decênio de 1920 um momento de êxito avassalador, que no fundo afinava com a literatura mundana. Como esta, era superficial e meio leviano, pois se baseava no interesse elitista pelo homem do campo, visto à maneira de um objeto pitoresco e caricatural, podendo nos cultores menores chegar a uma vulgaridade folclórica ao mesmo tempo tola e degradante.

A sociedade brasileira é assustadoramente desigual quanto aos níveis econômicos e aos graus do progresso técnico. Daí produzir tipos extremos, que, por sua vez, produzem maneiras muito discrepantes dos grupos sociais se verem e se avaliarem. Baseado na descrição de áreas rurais pouco desenvolvidas, o regionalismo teve aspectos positivos, como destacar as culturas locais, com seus costumes e linguagem. Mas teve aspectos negativos, quando viu no homem do campo um modelo meio caricatural que o homem da cidade se felicitava por haver superado, e lhe aparecia agora como algo exótico, servindo para provar a sua própria superioridade e lhe dar um bem-estar feito de complacência.

Mas houve um ou outro escritor regionalista que soube manter tanto a dignidade do tema quanto a excelência do tratamento literário. A crítica reconhece hoje que o mais original e o mais realizado deles foi Simões Lopes Neto (1865-1916), que superou o afastamento entre narrador culto e homem rústico, usando um personagem fixo, ao qual, em cada um dos seus excelentes *Contos gauchescos* (1912), delega a mediação narrativa, exercida através de uma prosa construída na confluência da fala popular com a estilização erudita.

Parcialmente regionalista é a obra de Monteiro Lobato (1882-1948), escritor inquieto e personalidade poderosa, que misturava o senso moderno dos problemas a um naturalismo já superado, em contos ordenados em torno da anedota-chave. Mas sua maior contribuição literária foram os livros infantis, de uma invenção original e moderna, escritos em linguagem da mais encantadora vivacidade. No começo da carreira fracassou como proprietário rural, e isso talvez haja contribuído para o desprezo amargo com que tratou o homem do campo em vários contos e artigos. A seguir fundou em São Paulo a importante *Revista do Brasil* (1916-1925) e uma editora que revolucionou a feitura do livro. Antes, este era ou editado na Europa, ou editado aqui de maneira graficamente incaracterística, por empresas de pequeno porte ou associadas a firmas europeias. Monteiro Lobato concebeu um tipo materialmente original de livro, barato e elegante, destinado a publicar autores brasileiros contemporâneos. A tentativa acabou alguns anos depois no malogro econômico, mas a editora que fundou se tornou, noutras mãos, uma das mais importantes do Brasil.

Nos anos de 1910 a 1920 floresceu o Penumbrismo, nome dado por um dos seus adeptos, inspirado pela designação italiana de uma tendência análoga, o *Crepuscolarismo*. Ele deve ser lembrado não apenas como manifestação final de certas tendências simbolistas, sobretudo a esfumatura das percepções e do sentimento, por meio de um verso discreto e macio, mas como preparação do terreno para o Modernismo, na preferência pelos temas cotidianos e na prática tanto do verso livre quanto dos versos regulares de ritmo liberado. Os melhores poetas penumbristas passarão ao Modernismo, como foi o caso de Manuel Bandeira, Guilherme de Almeida e Ribeiro Couto.

Parnasianismo, Simbolismo e Penumbrismo na poesia; Realismo naturalista, mundano ou regionalista, formaram um bloco de literatura convencional que marcou o gosto médio no Brasil e resistiu à mudança das estéticas renovadoras, ficando como padrão da literatura convencional durante muito tempo, com o apoio das Academias de Letras, do ensino e do próprio espírito das classes médias, contra os quais se insurgiram os modernistas.

O Modernismo não foi apenas um movimento literário, mas, como tinha sido o Romantismo, um movimento cultural e social de âmbito bastante largo, que promoveu a reavaliação da cultura brasileira, inclusive porque coincidiu com outros fatos importantes no terreno político e artístico, dando a impressão de que na altura do Centenário da Independência (1922) o Brasil efetuava uma revisão de si mesmo e abria novas perspectivas, depois das transformações mundiais da guerra de 1914-1918, que aceleraram o processo de industrialização e abriram um breve período de prosperidade para o nosso principal produto de exportação, o café.

Como no caso de movimentos literários anteriores, o Modernismo resultou de impulsos internos e do exemplo europeu. No caso, as vanguardas francesas e italianas, a começar pelo Futurismo, que ofereceram modelos adequados para exprimir a civilização mecânica e o ritmo das grandes cidades, além de valorizar as componentes primitivas, que no Brasil faziam parte da realidade. O livro inicial do movimento foi *Pauliceia desvairada* (1922), de Mário de Andrade, cujo principal personagem é a cidade de São Paulo, em processo de desenvolvimento vertiginoso e em vias de transformar-se na mais importante do país pela população e potência econômica, baseada na agricultura e comercialização do café, na indústria e na hegemonia política.

Típico da nova era, São Paulo se caracterizava pela massa de imigrantes recebidos desde os anos de 1880 e por um setor culto da oligarquia, que patrocinou as manifestações da vanguarda artística e literária, de que foi um dos centros dominantes. O outro centro foi o Rio de Janeiro, onde a maior tradição urbana havia gerado manifestações culturais mais resistentes, resultando formas menos agressivas de modernização. Em São Paulo teve lugar a histórica Semana de Arte Moderna (1922), que tinha sido precedida por artigos de Menotti del Picchia e Oswald de Andrade desde 1920 e lançou publicamente a renovação, encarnada por jovens escritores como, além dos dois citados, Mário de Andrade e Guilherme de Almeida, de São Paulo, Manuel Bandeira e Ronald de Carvalho, do Rio de Janeiro, aos quais é preciso juntar os nomes dos pintores Emiliano Di Cavalcanti e Anita Malfatti, do escultor Victor Brecheret e do compositor Villa-Lobos.

O Modernismo brasileiro foi complexo e contraditório, com linhas centrais e linhas secundárias, mas iniciou uma era de transformações essenciais. Depois de ter sido considerado excentricidade e afronta ao bom gosto, acabou tornando-se um grande fator de renovação e o ponto de referência da atividade artística e literária. De certo modo, abriu a fase mais fecunda da literatura brasileira, que já havia adquirido maturidade suficiente para assimilar com originalidade as sugestões das matrizes culturais, produzindo em larga escala uma literatura própria.

A sua contribuição fundamental foi a defesa da liberdade de criação e experimentação, começando por atacar a estética acadêmica, encarnada sobretudo na poesia e na prosa oratória, mecanizadas nas formas endurecidas que serviam para petrificar a expressão a serviço das ideias mais convencionais. Para isso, os modernistas valorizaram na poesia os temas cotidianos tratados com prosaísmo e quebraram a hierarquia dos vocábulos, adotando as expressões coloquiais mais singelas, mesmo vulgares, para desqualificar a solenidade ou a elegância afetada. Neste sentido, combateram a mania gramatical e pregaram o uso da língua segundo as características diferenciais do Brasil, incorporando o vocabulário e a sintaxe irregular de um país onde as raças e as culturas se misturam.

Além disso, passaram por cima das distinções entre os gêneros, injetando poesia e insólito na narrativa em prosa, abandonando as formas poéticas regulares, misturando documento e fantasia, lógica e absurdo, recorrendo ao primitivismo do folclore e ao português deformado dos imigrantes, chegando a usar como exemplo extremo contra a linguagem oficial certas ordenações sintáticas tomadas a línguas indígenas. Os românticos haviam "civilizado" a imagem do índio, injetando nele os padrões do cavalheirismo convencional. Os modernistas, ao contrário, procuraram nele e no negro o primitivismo, que injetaram nos padrões da civilização dominante como renovação e quebra das convenções acadêmicas. Mas nesse jogo muitos acabaram num artificialismo equivalente ao dos românticos, sobretudo os que foram buscar na tradição indígena alimento para um patriotismo ornamental. Assim foi que alguns modernistas secundários de São Paulo denunciaram as tendências cosmopolitas e demolidoras, criando o grupo *Verde-Amarelo*, patriótico e sentimental, que terminou politicamente em atitudes conservadoras.

A figura central do Modernismo foi Mário de Andrade (1893-1945), poeta, narrador, ensaísta, musicólogo, folclorista e líder cultural. Escritor de grande fecundidade e senso dos deveres intelectuais, exerceu uma espécie de magistério renovador, através não apenas do exemplo de suas obras de ficção e poesia, mas dos escritos teóricos e de uma intensa atividade epistolar e jornalística. Na fase final da vida organizou o departamento de cultura da cidade de São Paulo (1935-1938). Então, realizou uma das maiores obras que o Brasil conheceu no terreno da divulgação cultural, procurando com êxito levar ao povo os produtos eruditos da música e da literatura por meio de serviços eficientes, como discoteca, bibliotecas ambulantes, conjuntos instrumentais, que contribuíram para mudar o gosto. Além disso, promoveu pesquisas de etnografia e folclore, sistematizando o interesse dos modernistas pelo conhecimento objetivo das culturas primitivas e populares.

Indo às consequências finais da posição de José de Alencar no Romantismo, Mário de Andrade adotou como base da sua obra o esforço de escrever numa língua inspirada pela fala corrente e os modismos populares, não hesitando em usar formas consideradas incorretas, desde que legitimadas pelo uso brasileiro. Com isso, foi o maior demolidor da "pureza vernácula" e do "culto da forma". O preço que pagou foi certo pedantismo às avessas, que muitas vezes dá à sua linguagem, sobretudo na fase inicial da luta renovadora, uma afetação inversa à que desejaria anular. Apesar disso, ela é não apenas original e expressiva, mas muito harmoniosa, sempre que sublimou os excessos combativos de programa, pois tudo o que escrevia era baseado no saber seguro e na grande capacidade de reflexão.

A erudição e a cultura lhe permitiram ser o principal teórico do Modernismo, em obras como *A escrava que não é Isaura* (1925), que constitui com o "Prefácio interessantíssimo" do livro *Pauliceia desvairada* a plataforma da nova poética. Como poeta foi irregular, dentro de uma gama extensa que vai dos pequenos flashes do cotidiano às longas meditações; do verso-prosa descarnado até os decassílabos mais musicais. Com isso, construiu uma obra onde a manifestação atormentada da personalidade busca, como compensação, os estados de plenitude construída; e onde conseguiu o feito raro de unir num mesmo corpo expressivo a manifestação do eu e a manifestação do país, como se ambos procurassem a respectiva identidade num só movimento: consciência, de um lado; civilização, de outro.

Mário de Andrade publicou um romance inovador, *Amar, verbo intransitivo* (1927), e contos de grande qualidade. Mas a sua obra-prima como narrador é a "rapsódia" *Macunaíma* (1928), na qual, partindo da mitologia amazônica, fundiu as tradições brasileiras numa *féerie* rabelaisiana desprovida das dimensões de tempo e espaço. Essa narrativa fantástica visa, entre outras coisas, ser um retrato satírico do brasileiro, e nela a realidade local se eleva, pela imaginação solta, ao nível dos grandes relatos mitológicos, numa prosa trepidante e pitoresca, graças à qual a vasta informação é dissolvida pelo ritmo vertiginoso.

Como crítico de arte Mário de Andrade revalorizou o Barroco brasileiro e analisou com justeza o movimento das artes plásticas do seu tempo. Musicólogo competente (era professor de história da música), analisou com espírito crítico renovador a produção dos compositores e virtuosos seus contemporâneos, além de dedicar-se à pesquisa e análise da música e danças populares. Mencionemos afinal a preocupação constante com a participação do artista e do escritor na vida social, reflexo do senso de dever com que sempre encarou a sua atividade.

O grande agitador do Modernismo foi Oswald de Andrade (1890-1954), que todavia nunca realizou a fusão dos elementos contraditórios que dividem a sua obra, na qual sobreviveram traços de decadentismo, como é notório nos romances *Os condenados* (1922) e *Estrela de absinto* (1927). Simultaneamente, inventava a escrita admirável que caracteriza a melhor parte da sua obra e está nos pequenos romances *Memórias sentimentais de João Miramar* (1924) e *Serafim Ponte Grande* (escrito em 1927, publicado em 1933). Neles, a sua composição fragmentária alcança o ponto alto, numa prosa criadora que incorpora livremente os valores da poesia e permite ao autor exprimir com extraordinária eficácia uma visão demolidora da burguesia brasileira. Nos poemas de *Pau-brasil* (1925) e *Primeiro caderno de poesia* (1927) encontramos o gosto pelo fragmento e o escorço levado ao máximo, associado às técnicas de colagem de textos e amostras da fala cotidiana, num primitivismo elaborado que foi um golpe duro na ênfase e no preciosismo da literatura acadêmica.

O primitivismo levou Oswald de Andrade a uma interpretação fecunda da cultura brasileira como assimilação destruidora e recriadora da cultura europeia, com vistas a uma civilização desrecalcada e antiautoritária, cujo marco se encontra no importante "Manifesto Antropófago" (1928) e vários escritos da combativa *Revista de Antropofagia* (1928-1929), que ele fundou e orientou. Na sua obra, as sugestões da vanguarda francesa foram transpostas com inventividade original.

Depois de 1930 aderiu ao comunismo, militando na luta operária e antifascista com o vigor polêmico de um sarcasmo arrasador. Escreveu então algumas peças de teatro, onde a vanguarda política e estética se combinam de maneira feliz, como *O homem e o cavalo* (1934). Menos feliz foi o intuito de fazer narrativa política a seu modo, na série de romances *Marco zero*, de que publicou apenas dois volumes, em 1943 e 1945. O mau resultado talvez proviesse de não ter ele conseguido adaptar aos desígnios partidários a liberdade da sua técnica fragmentista; ou talvez porque a própria visão partidária não se coadunasse com a extrema liberdade da sua natureza. Rompendo com o Partido Comunista em 1945, retomou as ideias da Antropofagia com vistas à sua velha luta contra o autoritarismo, expresso na imagem do pai e nos sistemas sociais que a prolongam, contra os quais fez a apologia do matriarcado.

Oswald de Andrade foi sempre um grande polemista, agressivo e ácido até a mais desabrida violência verbal, que todavia humanizava graças à alegria na demolição e ao bom humor devido a uma veia cômica irresistível. Depois de sua morte, e de esquecidos os antagonismos que despertou, a sua obra foi enfim avaliada e exerceu grande influência em gerações mais jovens que assumiram posição de vanguarda.

Mário e Oswald de Andrade representam a ala inovadora e combativa do Modernismo, localizada sobretudo em São Paulo. Junto deles atuaram diversos escritores que contribuíram para a propaganda e a implantação do movimento, mas que, vistos de hoje, parecem autores de compromisso, como é o caso de Guilherme de Almeida (1890-1969), grande malabarista do verso, que veio do intimismo sentimental, passou pelos aspectos exteriores do Modernismo e terminou na poesia mundana e arcaizante. Ou de Menotti del Picchia (1892-1988), combativo divulgador do Futurismo desde 1920, cujos primeiros poemas são do tipo retórico mais convencional, e que depois entrou pelo nacionalismo pitoresco, conservando a ênfase anterior.

O outro núcleo importante do Modernismo, estreitamente ligado ao de São Paulo, foi o do Rio de Janeiro, onde estava o líder nominal do movimento, convidado pelos jovens por ser um escritor famoso e algo inconformado, Graça Aranha (1868-1931), que publicara em 1902 um romance que fez época, *Canaã*. Ele procurou canalizar o Modernismo para a sua filosofia superficial, baseada numa loquacidade telúrica e vitalista sem maior significado.

Muitos escritores do Rio de Janeiro, ou que viveram lá, são mais conservadores que os de São Paulo, e isso é visível, por exemplo, no grupo da revista *Festa* (1927-1929), marcado por um espiritualismo de filiação simbolista, nele se destacando Cecília Meireles (1901-1964), poetisa de ritmos fluidos. As posições avançadas do Modernismo se manifestaram na revista *Estética* (1924-1925), dirigida por dois jovens críticos de grande valor, Sérgio Buarque de Holanda (1902-1982), que se tornaria um dos maiores historiadores brasileiros, e Prudente de Moraes, neto (1904-1977). No Rio vivia Alceu Amoroso Lima (1893-1983), o crítico então mais famoso e respeitado do Brasil, que encarou o Modernismo com interesse mas distanciamento, apontando nele o que lhe parecia excesso de contingência e pitoresco, que a seu ver poderiam prejudicar a expressão mais essencial. A partir de 1928 voltou à fé religiosa e se tornou líder católico, o que aumentou as suas reservas. Os seus artigos, reunidos nas cinco séries de *Estudos* (1927-1933), formam um bloco central na crítica brasileira.

Ligado aos modernistas de São Paulo foi sempre Manuel Bandeira (1886-1968), um dos poetas mais importantes da nossa literatura, cuja obra tem uma plenitude que não se encontra na dos outros dessa primeira fase modernista, e é devida à maestria com que vai dos poemas metrificados com perfeição ortodoxa até a liberdade dos *objets trouvés*, dando sempre a impressão de fatura tão perfeita quanto necessária. A sua escrita parece realizar a forma insubstituível, e talvez se possa dizer dele o que disse de Mozart o musicólogo Alfred Einstein: "pertence ao gênero raro dos revolucionários conservadores, ou dos conservadores revolucionários".

Bandeira se formou na tradição dos parnasianos e simbolistas, associada a um curioso bom gosto gramatical, mas desde logo procurou formas mais livres, favorecidas pelo momento de transição que foi o Penumbrismo. A sua formação não o prendeu ao passado, e a sua vontade de mudança não foi transitória, como em outros penumbristas. Elas se combinaram, facultando-lhe ao mesmo tempo o domínio rigoroso da linguagem e a prática das maiores liberdades; *Libertinagem* é o título do livro onde recolheu a parte mais radical da sua poesia modernista em 1930.

Nas formas fixas, no verso livre, no poema sem verso, Bandeira manifesta sempre a capacidade de transfigurar o prosaísmo e dar a mais pura simplicidade aos temas consagrados. Há nos seus poemas uma espécie de halo, de misteriosa ressonância, por mais comuns que sejam os assuntos; e, ao mesmo tempo, uma naturalidade que se aproxima do leitor como numa conversa de tipo especial. Isto é visível no tratamento do amor, que ele aborda quase sempre pelo lado tangível da carne, mas com espontaneidade tão singela, que a expressão parece nascer apenas do fervor espiritual. Essa familiaridade superior no tratamento do amor, da morte, da natureza, da existência diária faz da sua poesia experiência interior de cada um de nós, humanizando a vida sem nenhum sentimentalismo.

A partir de São Paulo e do Rio de Janeiro, a renovação literária se difundiu pelo Brasil, já então país relativamente desenvolvido, que passava por uma fase de prosperidade econômica. Através de grupos, revistas, seções de jornais, manifestos, intercâmbio intenso entre as regiões, o Modernismo se difundiu e, se não derrubou a cultura de tipo acadêmico, criou ao lado dela uma alternativa que acabaria por se impor como a mais viva e criadora.

No estado de Minas Gerais surgiu um grupo importante em Belo Horizonte, ao redor da *Revista* (1925-1926), e outro menor, muito combativo, na cidade de Cataguases, em torno da revista *Verde* (1927), ambos constituídos por jovens escritores que se tornariam famosos, como no primeiro, Carlos Drummond de Andrade, João Alphonsus, Emílio Moura, Pedro Nava; no segundo, Guilhermino César e Rosário Fusco.

Estes grupos estavam bem próximos esteticamente dos de São Paulo e Rio de Janeiro, cuja influência no estado do Rio Grande do Sul atuou em geral pelas modalidades mais conservadoras, associando-se a duas tendências locais que a modificaram: a herança simbolista e o regionalismo, muito vivaz numa região bastante diferenciada, onde assume importância folclórica e política o tipo do *gaúcho*. Deste grupo se destacou sobretudo Augusto Meyer (1902-1970), poeta de valor e crítico notável, um dos mais bem-dotados que o Brasil já teve, pela aliança entre a rigorosa erudição, o gosto finíssimo e o estilo admiravelmente lúcido.

No Nordeste do país as influências modernistas foram contrabalançadas por um forte movimento tradicionalista, cujo programa foi renovar mediante uma espécie de explosão do regionalismo, fazendo dele instrumento não apenas de reinterpretação histórico-social, mas de bússola na escolha dos temas poéticos e narrativos, numa retomada distante de certas preocupações do século passado, como se manifestavam em

Franklin Távora e Sílvio Romero. A cidade de Recife foi o centro desse regionalismo modernizador, tendo como teórico e figura central Gilberto Freyre (1900-1987), sociólogo, historiador social, escritor de rara imaginação criadora, que contribuiu de modo decisivo para reorientar os estudos sobre o Brasil.

O decênio de 1920 foi cheio de aspirações e medidas renovadoras em todos os campos da vida cultural e social, manifestando uma vitalidade nunca vista antes, que foi a sementeira de profundas modificações no futuro próximo. Os intelectuais, em geral, os artistas e escritores, em particular, passaram a encarar a realidade com olhar mais crítico, denunciando a insuficiência de uma visão oficial que procurava mostrar o país como extensão do modo de ser, de viver e de pensar das suas elites tradicionais. As presenças do negro, do mestiço, do proletário, do campesino espoliado, do imigrante se fizeram sentir com força graças à mudança social e ao advento de novas relações de trabalho, no quadro da urbanização e da indústria em desenvolvimento. Os modernistas foram sensíveis a esse Brasil novo, procurando exprimir a sua variedade por diversas maneiras. Raul Bopp (1898-1984), descendente de alemães, escreveu um poema telúrico baseado em mitos amazônicos, *Cobra Norato* (1931), e poemas inspirados na vida e nos ritmos dos negros (*Urucungo*, 1933). Reciprocamente, Antônio de Alcântara Machado (1901-1935), de uma velha família de pioneiros, escreveu contos pitorescos sobre os imigrantes italianos, *Brás, Bexiga e Barra Funda* (1927). A tradição revista e os traços novos se misturavam para inspirar a criação literária, por meio do estilo trepidante, sincopado e sem preconceito dos modernistas.

Nesse processo, o marco divisor foi o movimento armado de 1930, nascido de uma disputa eleitoral no seio das oligarquias, mas abrindo um período novo, pela coincidência com a crise econômica mundial e as forças transformadoras que atuavam em todo o mundo ocidental desde o fim da guerra de 1914-18, na política, no pensamento, na arte, na literatura, no estilo de vida.

A fase que vai de 1930 até o fim da Segunda Guerra assistiu ao começo da grande mudança social, econômica e cultural do Brasil, com o declínio das velhas oligarquias de base agrária e o ascenso da burguesia industrial, que passa lentamente aos controles do mando, ao mesmo tempo em que as classes médias crescem em volume e participação social, e o operariado entra na vida política em larga escala. Culturalmente essa fase é rica e diversificada, inclusive com o estabelecimento das universidades, pois até então o Brasil só possuía escolas superiores isoladas de finalidade profissional imediata (direito, medicina, engenharia, farmácia, agronomia etc.), algumas delas agrupadas sob a designação puramente nominal de universidade. Esta só aparece realmente em 1934 com a de São Paulo, na qual pela primeira vez o ensino e a investigação foram concebidos como unidade orgânica, a partir da pesquisa desinteressada, tanto no domínio das ciências quanto no das humanidades. Foi só então que se estabeleceu no Brasil o ensino superior das letras, da história, das ciências sociais; e isso repercutiu de modo positivo na história e na crítica literária.

Outro traço novo nessa fase foi a acentuada politização dos intelectuais, devido à presença das ideologias que atuavam na Europa e influíam em todo o mundo, sobretudo o comunismo e o fascismo. A isso se ligam a intensificação e a renovação dos estudos sobre o Brasil, cujo passado foi revisto à luz de novas posições teóricas, com desenvolvimento de investigações sobre o negro, as populações rurais, a imigração e o contato de culturas, graças à aplicação das correntes modernas de sociologia e antropologia, graças também ao marxismo e à filosofia da cultura, com o aparecimento de algumas obras de larga influência, como *Casa-grande & senzala* (1933), de Gilberto Freyre, *Raízes do Brasil* (1936), de Sérgio Buarque de Holanda,

Evolução política do Brasil (1933) e *Formação do Brasil contemporâneo* (1942), de Caio Prado Júnior.

Simultaneamente desenvolveu-se a indústria do livro, inclusive com a formação de coleções especializadas de estudos brasileiros, num momento em que o país parecia analisar febrilmente o seu espírito e o seu corpo, em desenvolvimento rápido, para conhecer a sua verdadeira natureza e traçar os rumos do seu destino. Alguns editores corajosos e clarividentes decidem-se, como Monteiro Lobato fizera antes, a editar as novidades literárias brasileiras, sobretudo a narrativa, que tem nessa fase um momento de grande fecundidade e difusão.

Do ponto de vista da história do gosto, os anos de 1930 e 1940 se caracterizam pela aceitação crescente das obras e do espírito modernista, que passam a fazer parte da cultura e a dar cada vez mais o tom. Ao seu lado, agem outras tendências renovadoras, como o regionalismo crítico do Nordeste, que, sem derivar do Modernismo, lucrou com a sua luta pela liberdade de expressão e teve o campo livre para se difundir. Se os anos de 1920 foram de luta modernista, os de 1930 e 1940 foram de modernização geral, em sentido lato, desde as ciências até as artes, passando pelo ensino, a edição, a crítica, a produção literária.

Os grandes modernistas que mencionamos continuam ativos nessa fase e publicam obras importantes, enquanto os mais moços estreiam em livro pela altura de 1930, como é o caso de Carlos Drummond de Andrade (1902-1987) com seu livro daquele ano, *Alguma poesia*.

Neste, ele parece um modernista de programa, aplicando meticulosamente os preceitos estabelecidos; mas é que eles correspondiam à sua mais profunda natureza poética, cheia de pudor e angústia, encontrando-se bem no verso duro e seco, próprio para dissolver na ironia e no sarcasmo qualquer laivo de sentimentalismo ou ênfase, que ele sabe anular pelo recurso ao estilo coloquial mais cotidiano. Drummond é o primeiro grande poeta brasileiro nascido intelectualmente dentro do Modernismo, sem laivo de passado nem perigo de volta a ele. Sob este aspecto, a impressão do leitor desse livro e do seguinte, *Brejo das almas* (1934), de teor semelhante, é que Drummond deseja instaurar uma poesia não poética, sem complacência com o mundo e sobretudo com o próprio eu. No entanto, o leitor sente ao mesmo tempo em que a força poética vem das emoções represadas, que parecem a cada instante brotar como erva renitente por entre as frestas desse pedregoso universo.

Os livros seguintes mostram um acordo maduro entre essas tendências contraditórias, e o poeta adquire a possibilidade de manifestar os seus impulsos, transferindo-os em parte para o passado da família (componente tradicional) e o desejo de redenção social (componente utópica). Além de alcançar grande maturidade na dureza quase implacável com que analisa o eu, consegue uma coisa bastante rara na poesia contemporânea: a expressão política sem qualquer aspecto de programa, como se fosse manifestação da mais profunda necessidade pessoal. Partindo da descrição seca da vida e das coisas, chega assim a três dimensões complementares, refletidas nos próprios títulos das coletâneas de versos: *Sentimento do mundo* (1940), *José* (1942), *Rosa do povo* (1945). Poesia individual e poesia social fundidas na poesia que penetra a realidade mais íntima da vida.

A partir daí Drummond continuou a sua produção poética, talvez com menos amargura e prosaísmo, e mais naturalidade no tratamento das emoções individuais, abandonando a dureza sarcástica do início. Continuou também a produção de contista e jornalista, além de praticar uma espécie de crônica em verso que fica entre a poesia e o registro da memória. Com isso alcançou grande penetração no público, e quando morreu, aos 85 anos, era considerado por consenso nacional o maior escritor do momento e um dos raros grandes que o Brasil produziu.

Bem diferente foi Murilo Mendes (1901-1975), poeta dos contrastes e dos contrários, que começou pela poesia humorística e, depois de sofrer a impregnação surrealista, voltou à fé católica, passando a uma expressão cheia de sentimento do mistério e transcendência, com o mais completo senso do insólito da nossa poesia contemporânea. Afinal, tendeu para o verso breve e descarnado, guardando o toque de fantasmagoria que é um dos seus encantos.

A sua obra é extensa e obriga o leitor, mais do que qualquer outra, a uma adesão incondicional. É preciso aceitar o universo surpreendente que ele cria, onde o cotidiano beira o excepcional e, assim como o milagre pode acontecer em tudo, qualquer coisa banal pode parecer miraculosa. No cerne dos seus processos poéticos está o pressuposto de metamorfose (nome de um dos seus livros), que explica a liberdade com que combina os elementos mais díspares para gerar uma fascinante realidade além da realidade, e ao mesmo tempo aderente a ela. Por isso Manuel Bandeira o saudou como "Conciliador de contrários — Incorporador do eterno ao contingente".

Murilo Mendes publicou um livro em conjunto com Jorge de Lima (1893-1953), poeta que começou nos anos de 1910 como perfeito metrificador, mas depois do Modernismo rejeitou a poética tradicional e, nos anos de 1920, praticou uma poesia pitoresca, adequada aos aspectos do Nordeste, sua região, incorporando os ritmos e os aspectos da vida do negro. Depois de 1930 fez uma poesia católica de ritmos amplos, por meio dos quais exprimiu um fervor onde a busca da transcendência se misturava, como em Murilo Mendes, a toques surrealistas, como se fossem as duas faces de um insólito mundo poético. O Surrealismo domina no pequeno romance *O anjo* (1934) e nas fotomontagens de *A pintura em pânico* (1943). Na fase final, a melhor, voltou a um soneto liberto de convencionalismo e realizou com grande variedade métrica *A invenção de Orfeu* (1952), tentativa de "modernização da epopeia", como a definiu, dizendo:

> Uma epopeia moderna não teria mais conteúdo novelesco — não dependeria mais de uma história geográfica, nem dos modelos clássicos da epopeia. Verifiquei, depois da obra pronta e escrita, que quase inconscientemente, devido à minha entrega ao poema, não só o Tempo como o Espaço estavam ausentes deste meu longo poema e que eu tinha assentado as suas fundações nas tradições gratas a uma epopeia brasileira, principalmente em tradições remotamente lusas e camonianas.

Augusto Frederico Schmidt (1906-1965) fez também poesia de sentimento religioso, mas bem diversa. É um neorromântico que reagiu contra o Modernismo, acusando-o de valorizar a banalidade exterior em detrimento dos valores eternos, que procurou exprimir pela restauração do mistério no tratamento do amor, da morte, em versos melodiosos e fáceis, banhados de sentimentalismo. Nesse período, também Vinicius de Moraes (1913-1980) seguiu a linha dos poetas católicos, parecendo buscar a transcendência em cada coisa por meio de certa solenidade, que depois abandonaria por completo, tornando-se um cantor da paixão e da simplicidade cotidiana em versos de grande fatura técnica e prodigiosa capacidade de achados.

A obra desses quatro últimos poetas se enquadra numa das grandes opções ideológicas daquele momento, a volta à religião, que animou intensamente a vida cultural, sob a liderança de pensadores como Alceu Amoroso Lima, prolongando-se politicamente pela Ação Católica e, a certa altura, pelas formas extremadas da direita, como o Integralismo, versão local do Fascismo, fundado e dirigido por um escritor modernista de São Paulo, Plínio Salgado (1895-1975), integrante do grupo *Verde-Amarelo*. Ensaísta de direita atraído pelos aspectos dramáticos do catolicismo foi Otávio de Faria (1908-1980), que empreendeu como romancista uma obra cíclica em treze volumes, *Tragédia burguesa* (1937-1977), série prolixa e irregular, de uma escrita pouco elaborada, onde passam os temas da adolescência em face do pecado, o conflito entre vocação e convenções numa atmosfera de crise dos valores da classe média, marcada pela tensão e a angústia dos dramas de consciência. O romance de tonalidade espiritualista, permeado pelo senso do mistério, teve cultores nos anos de 1930 e 1940, valendo citar um que se destacou pela superioridade da imaginação e da escrita: Lúcio Cardoso (1913-1968), cujo livro de maturidade é *Crônica da casa assassinada* (1959).

Mas o impacto maior sobre a crítica e o público foi devido a um tipo oposto de narrativa, o chamado "romance nordestino", geralmente orientado por um realismo de corte naturalista e ancorado nos aspectos regionais. Portanto, foi até certo ponto uma retomada do regionalismo, mas sem pitoresco e com perspectiva diferente, pois o homem pobre do campo e o da cidade apareciam não como *objeto*, mas, finalmente, como sujeito, na plenitude da sua humanidade. Isso, devido a uma consciência crítica que torna a maioria desses autores verdadeiros radicais por meio da literatura. É preciso observar que a etiqueta "regionalismo" se deve em parte ao fato de as avaliações literárias terem como base o Rio de Janeiro, ainda então o grande centro intelectual do país. Por isso, as narrativas que tinham por quadro as províncias podiam ser vistas como exóticas, na medida em que descreviam um mundo diferente do da capital. Regionalismo significa às vezes, para a perspectiva desta, simples distanciamento geográfico.

Assim é que a etiqueta se aplica só em parte a Graciliano Ramos (1892-1953), o mais eminente dos "nordestinos" e um dos maiores escritores da literatura brasileira. Dos seus quatro romances, apenas *Vidas secas* (1938), o último, é regionalista. Ele narra a vida de uma família de vaqueiros reduzida ao mínimo possível para a sobrevivência, em quadros destacados que formam um retábulo rústico, numa prosa admirável que, reduzida também ao mínimo, parece espelhar no laconismo e na elipse a humanidade espoliada dos personagens. Bem diferente é *São Bernardo* (1934), história de um trabalhador rural que se eleva a grande proprietário e transporta para a vida afetiva a violência implacável que usou para emergir da miséria. O estilo ainda é descarnado e traduz pelo uso da primeira pessoa a brutalidade direta do protagonista, mas a composição é muito mais complexa. A complexidade chega ao máximo em *Angústia* (1936), que ao contrário dos outros é longo e desenvolve com detalhe a análise interior, contando, também na primeira pessoa, o drama de um medíocre desajustado, que compensa a fraqueza pelo crime, configurado lentamente nas suas elucubrações, ao longo de uma narrativa tortuosa e patética.

Graciliano Ramos abominava o Modernismo e a vanguarda em geral; tendo-se formado pela leitura dos grandes autores do passado, era inflexível quanto à correção gramatical e à *normalidade* da escrita. Pode-se dizer que nele o toque moderno está no refinamento da tradição e na capacidade de reduzir o real às suas linhas essenciais, contrariando o "culto da forma" e as elegâncias acadêmicas. Já o seu primeiro romance, *Caetés* (1933), mostrava essas características, mostrando também uma amargura cujo pessimismo é em parte corrigido pela retidão que parece existir como meta final da sua visão do homem, e que ele procurava sem cessar na vida e na arte. Dos seus livros pessoais, *Infância* (1945) é uma evocação cheia de encanto da quadra infantil; o outro, *Memórias do cárcere* (1955), conta a experiência da prisão que sofreu de 1936 a 1937.

José Lins do Rego (1901-1957) é o oposto de Graciliano Ramos, pela escrita abundante e até desordenada, que procura os ritmos da fala regional e parece não temer o excesso. Nele o pitoresco triunfa, graças à capacidade de fazer sentir a consistência da terra, a presença da água e do vento, a natureza gorda da cana-de-açúcar e a natureza magra do sertão ressecado. Na sua obra, são melhores os livros situados na região nordestina, sobretudo os que giram em torno da sua própria experiência de rebento duma velha família de senhores rurais. *Ciclo da cana-de-açúcar* foi a denominação geral que deu durante algum tempo aos seus cinco primeiros romances, que vão da infância no engenho de açúcar (*Menino de engenho*, 1932) até a absorção das propriedades de família pela industrialização (*Usina*, 1936).

Este ciclo é dominado pela ideia de decadência, que assinala a mudança das estruturas sociais e arrasta os indivíduos. Depois, Lins do Rego cuidou de outros temas e outras áreas. Mas foi quando voltou aos iniciais que, já amadurecido, produziu a obra-prima, *Fogo morto* (1943), narrativa estruturada em torno da triste condição de um seleiro rural, um decadente senhor de engenho reduzido à miséria e uma espécie de vagabundo, rebento perdido da classe dominante, obcecado pela mania de prestígio, que desenvolve um estranho senso de justiça e se torna campeão dos oprimidos. Neste livro, a escrita irregular e inspirada de Lins do Rego alcança uma espécie de plenitude, como se ele houvesse afinal criado a expressão mais fiel da sua região.

Jorge Amado (1912-2001) começou pelo que se chamava então "romance proletário", que praticou tanto em relação aos trabalhadores rurais (*Cacau*, 1933) quanto urbanos (*Suor*, 1934). À maneira de Lins do Rego, foi produzindo como se tivesse projetado um ciclo sobre o povo humilde da sua terra, e de fato *Romances da Bahia* é a designação com que reuniu os dois citados e mais três, entre os quais *Jubiabá* (1935). Nesses livros o negro entrou pela primeira vez maciçamente na ficção brasileira, com a sua poesia e a sua pobreza, as suas lutas e crenças. Escritor cursivo, irregular, Jorge Amado insuflou todavia na sua obra uma poesia e uma vibração que pareciam redimir as falhas, tornadas no entanto bastante visíveis pela passagem do tempo. Nesses romances há um intuito ideológico ostensivo demais, que, por não ser incorporado como elemento necessário à composição, parece com frequência superposição indigerida. Isso se atenuou em livros posteriores mais bem-feitos, como *Terras do sem fim* (1943), até desaparecer na obra madura, onde o ataque ideológico cedeu lugar a uma identificação afetiva com o povo, cujos lados pitorescos aparecem realçados por um humorismo picaresco e sentimental, numa prosa generosa, comunicativa, que fez de Jorge Amado o romancista mais popular do Brasil, e o único a conquistar públicos apreciáveis no exterior. Com o tempo ele se tornou uma espécie de figura tutelar na Bahia, cuja realidade complexa e festiva soube tão bem representar na literatura. *Gabriela, cravo e canela* (1958), *Os velhos marinheiros* (1961), *Dona Flor e seus dois maridos* (1966), *Tenda dos milagres* (1969) representam bem a fase mais madura da sua produção.

O "romance nordestino" conquistou a opinião do país a partir de *A bagaceira* (1928), de José Américo de Almeida (1887-1980), e *O quinze* (1930), de Rachel de Queiroz (1910-2003). Enquanto aquele teve apenas o mérito da precedência, este se sustenta ainda hoje pela força do estilo simples e expressivo, que revelou uma escritora cujo grande talento foi confirmado pelos livros posteriores: *João Miguel* (1932), também de assunto regionalista, *Caminho de pedras* (1937), sobre as lutas políticas de esquerda, *Três Marias* (1939), excelente análise da adolescência feminina. Rachel de Queiroz tornou-se mais tarde uma praticante notável da "crônica", gênero literário muito popular no Brasil, consistindo num pequeno artigo sobre qualquer assunto, em tom coloquial, procurando estabelecer com o leitor uma intimidade afetuosa que o leva a se identificar à matéria exposta. Os "cronistas" sempre foram numerosos na imprensa diária ou semanal, e Machado de Assis foi um mestre do gênero. Enquanto os maiores o praticaram como atividade lateral, Rubem Braga (1913-1990) pode ser considerado "cronista puro", e talvez o maior da literatura brasileira contemporânea. O seu estilo singelo, correto e elegante, cheio de humor e poesia, é admiravelmente apto para comunicar o sentimento da vida diária e descobrir os aspectos sugestivos das mais variadas facetas da realidade. Reunidas em livro, as suas pequenas crônicas guardam o interesse das obras plenamente realizadas.

A literatura do estado mais meridional do Brasil, Rio Grande do Sul, teve traços diferenciais, que a aproximam um pouco do regionalismo das literaturas do Uruguai e da Argentina. Além disso, houve nela uma espécie de prolongamento do Simbolismo, que se misturou às sugestões modernistas. Depois de 1930 a literatura do Rio Grande tornou-se conhecida no resto do país, devido à projeção política que o estado assumiu na federação e a uma ativa e inteligente atividade editorial. Muitos narradores de orientação regionalista chegaram assim ao âmbito nacional, mas o que se tornou realmente famoso, Erico Verissimo (1905-1975), escapa em grande parte a esta classificação, pois na sua obra o homem e a sociedade locais aparecem sobretudo no universo urbano, com um toque humanitário e sentimental que pode ser decepcionante. Mas as suas qualidades de narrador são grandes, inclusive pela sobriedade do estilo discreto e despretensioso. A sua obra-prima é a primeira parte do ciclo *O tempo e o vento*, onde traçou a evolução histórica do seu estado, do século XVIII aos nossos dias (*O continente*, 1949).

Menos famoso foi Dionélio Machado (1895-1985), em cuja obra se destaca o romance de estreia, *Os ratos* (1935), que nada tem de regionalismo. Construído com grande economia verbal e um perfeito domínio da narrativa, ele se situa bem acima da média da ficção brasileira, contando a história do dia de um pobre homem à busca de dinheiro, no meio da insensibilidade opaca da grande cidade.

Um importante grupo regional sem regionalismo foi o do estado de Minas Gerais, que já encontramos ao falar da difusão do Modernismo. Nos anos de 1930 estrearam em livro diversos narradores de qualidade, geralmente cuidadosos na escrita, lacônicos, mas capazes de infundir na sua matéria desencantada ou irônica uma dose apreciável de poesia. Aníbal Machado (1894-1964) publicou relativamente pouco, inclusive alguns dos melhores contos da literatura brasileira, como "A morte da porta-estandarte" e "O iniciado do vento", que tiveram edição definitiva na coletânea *Novelas reunidas* (1959). Outro contista de qualidade foi João Alphonsus (1901-1944), cujas narrativas parecem se ordenar misteriosamente em torno de nada. Cyro dos Anjos (1906-1994) teve êxito de qualidade com o primeiro romance, *O amanuense Belmiro* (1937), história de um funcionário tímido e introspectivo, que hesita diante da vida e acaba se recolhendo à anotação das próprias emoções, que constituem a matéria desse livro escrito sob a forma de diário, numa prosa concisa e lírica, adequada à expressão do desencanto e da ironia serena. A este grupo de Minas se ligam os poetas Carlos Drummond de Andrade, já mencionado, e Emílio Moura (1902-1971), autor de uma obra discreta e calorosa, depurada ao longo dos anos até alcançar a pureza essencial.

Nos anos de 1930 e 1940 a crítica literária teve muita presença, inclusive a praticada pelos criadores, como Mário de Andrade. Mas quem nos anos de 1940 analisou de maneira regular e segura a produção que estamos mostrando foi Álvaro Lins (1912-1970), que manteve em alto nível a tradição do "rodapé", ou seja, o artigo semanal situado na parte inferior da página de jornal, destinado a comentar os livros novos. Num estilo incisivo, soube apontar o que havia de melhor, fazendo da crítica uma consequência da personalidade bem formada e bem orientada do crítico. Os seis volumes onde recolheu os artigos, *Jornal de crítica* (1941-1951), seguidos por um último em 1963, talvez sejam a melhor coletânea deste gênero na literatura brasileira, enquanto a monografia sobre *A técnica do romance em Marcel Proust* (1950) mostra a sua capacidade de aprofundar a análise dos problemas de composição.

Costuma-se ver no ano de 1945 o começo de uma nova fase, que coincide com o fim da Segunda Guerra Mundial e, simbolicamente, com a morte de Mário de Andrade. Manifesta-se então uma geração nova, na prosa narrativa, na poesia, na crítica. Esta começa a mostrar os efeitos do ensino superior das letras, que motivou a sistematização da pesquisa, com aumento do número de monografias; de tal modo que a partir de 1960 a crítica dos universitários tornou-se modalidade predominante. Outro gênero que conheceu desenvolvimento notável foi a dramaturgia, estimulada pela renovação por que passou o teatro, a partir de grupos amadores que acabaram por transformar completamente a concepção do espetáculo, com destaque para a direção e a montagem. Dramaturgos de grande valor foram Nelson Rodrigues (1912-1980), cuja peça *Vestido de noiva* (1943) foi uma verdadeira revolução pela ousadia da composição e da encenação; Jorge Andrade (1922-1984), analista da decadência da velha oligarquia rural; Ariano Suassuna (1927[-2014]), que tratou à luz de um cristianismo aberto e popular os temas regionais do Nordeste. Simultaneamente, cria-se a nova crítica teatral, na qual se destacam figuras como a de Décio de Almeida Prado (1917-2000), verdadeiro mestre pela segurança analítica e a beleza da escrita, e Sábato Magaldi (1927[-2016]).

Na poesia, é o momento da chamada "geração de 45", que exprimiu as suas posições em revistas como *Orfeu* e *Revista*

Brasileira de Poesia, ambas fundadas em 1947. Assumindo posição crítica em relação ao Modernismo, esses poetas preconizaram a retomada do poema metrificado e a elevação dos temas, sem no entanto deixar de lado o verso livre nem a conquista do cotidiano familiar como assunto válido. Os mais característicos dentre eles praticaram o poema longo de metros largos, para exprimir uma atitude de meditação ou traduzir as emoções com refinamento formal. Deixando de lado as influências da vanguarda europeia mais agressiva que tinham agido sobre os modernistas, além de abandonarem o pitoresco e qualquer intenção nacionalista, tomaram como pontos de referência poetas em cuja obra é forte a atmosfera de busca da transcendência, como um certo Fernando Pessoa e o Rilke das *Elegias de Duíno*. Outros se prenderam mais a Valéry e T.S. Eliot, ou se mantiveram independentes de tais influências, como um dos mais bem-dotados, Bueno de Rivera (1911-1982), cuja marcada personalidade é visível na força descritiva de seus poemas breves, onde os fatos e os sentimentos parecem adquirir a solidez neutra dos objetos. Dos mais típicos da "geração de 45", podemos citar Geir Campos (1924-1999), José Paulo Moreira da Fonseca (1922-2004), Domingos Carvalho da Silva (1915-2003), Péricles Eugênio da Silva Ramos (1919-1992). Destaque especial é devido a Lêdo Ivo (1924[-2012]), temperamento poético exuberante servido pela alta competência técnica e um domínio pouco frequente da linguagem. Além de poeta, é narrador e ensaísta de excelente qualidade.

Geralmente incluído nesse conjunto, distingue-se dele todavia sob muitos aspectos João Cabral de Melo Neto (1920-1999), um dos maiores poetas brasileiros, criador de linguagem original, capaz de seduzir pela pura qualidade verbal e pela capacidade de exprimir de maneira poderosa uma realidade que parece todavia nascer da experiência com a palavra. O seu primeiro livro, *Pedra do sono* (1942), tinha elementos surrealistas curiosamente associados a um desígnio construtivista que se aproximaria mais do Cubismo e seria a dominante na sua obra posterior. O título do segundo livro, *O engenheiro* (1945), exprime essa disposição, graças à qual foi elaborando uma poesia seca, restrita aos metros curtos, capaz de fazer do poema um objeto sólido que se apresenta ao leitor como se existisse materialmente. Uma longa estadia na Espanha como diplomata familiarizou-o com os aspectos descarnados da sua cultura: o ascetismo, a austeridade, a retidão, que dissolvem a sensualidade formal e parecem simbolizados no título de um de seus livros, *A educação pela pedra* (1966). Da poesia espanhola tomou o gosto pela rima toante e certa tonalidade de *romancero*, mais visíveis nas obras em que representa poeticamente a sua região, o Nordeste, onde se alternam a paisagem árida do interior seco e a paisagem luxuriante da faixa litorânea, assim como a opulência se alterna com a miséria. Neste rumo escreveu *Morte e vida severina* (1956), onde o drama social da sua região, a mais pobre do Brasil, encontrou uma expressão de rigorosa pungência. É visível nas suas fases iniciais certa marca de Murilo Mendes e sobretudo de Carlos Drummond de Andrade, sem prejuízo de uma forte originalidade, que foi-se acentuando até fazer da sua poesia um inconfundível monumento de radicalidade poética, onde a força da mensagem é função exata do rigor da construção, que experimenta com as sonoridades mais secas da palavra, mediante um ânimo combinatório de que resultam figuras verbais com alto poder de sugestão.

A elaboração original da palavra aparece também na prosa narrativa de Clarice Lispector (1920-1977), cujo livro de estreia, *Perto do coração selvagem* (1944), trouxe algo novo à literatura brasileira, pela capacidade de elevar a descrição das coisas e dos estados de espírito a um nível radioso de expressividade, como se dos fatos mais simples brotasse a cada instante o indefinível.

A força desta escritora parece estar na capacidade de manipular os detalhes, que vão se juntando para formar a narrativa e sugerir o mundo, sem que haja necessidade de uma estruturação rigorosa. Daí a fluidez imprecisa que dissolve muitas das suas histórias, ou, pelo contrário, o destaque luminoso que elas ganham na intimidade sugerida pela ampliação do pormenor. Talvez o conto, mais do que o romance, seja o instrumento melhor dessa escritora que parece extrair o essencial das dobras do acessório.

Outro narrador original é Murilo Rubião (1916-1991), cuja obra inovadora custou a se impor, mas que hoje é reconhecido como um mestre na narrativa fantástica, a partir do livro de contos *O ex-mágico* (1947). Um dos seus traços característicos é a naturalidade com que narra as coisas insólitas, fazendo-as parecerem elementos do cotidiano mais normal, o que é reforçado pelo contraste com a extrema simplicidade da escrita, despida de efeitos, como se o autor decidisse confiar apenas na força da urdidura, que vai envolvendo o leitor numa das atmosferas mais atraentes da ficção brasileira contemporânea. Com os seus contos do absurdo, Murilo Rubião quebrou a linha dominante da narrativa de seu tempo, ignorando completamente o realismo documentário, a introspecção, o pitoresco regional.

A obra de Lygia Fagundes Telles (1923[-2022]) realiza a excelência dentro das maneiras estabelecidas de narrar. Mas ela sabe fecundá-las graças ao encanto com que compõe, à capacidade de apreender a realidade pelos aspectos mais inesperados, traduzindo-a de modo harmonioso. Tanto no conto quanto no romance, tem realizado um trabalho ainda em pleno desenvolvimento, sempre válido e caracterizado pela serena maestria. Mais ambicioso, sob o ponto de vista técnico, foi Osman Lins (1924-1978), cujos contos de *Nove, novena* (1966) se organizam em sistema planejado. Inquieto e vário é Valdomiro Autran Dourado (1926[-2012]), inteligência crítica aplicada à ficção, à qual confere um toque de refinamento na organização segura e na capacidade de ver o real através da deformação criadora. Dalton Trevisan (n. 1925) encontrou um modo pessoal de desmascarar a grande cidade como uma espécie de floresta misteriosa, onde a vulgaridade, a violência, o prosaísmo se traduzem em narrativas curtas de grande impacto.

Essa amostra mínima e necessariamente arbitrária tenciona sugerir a tonalidade média da narrativa brasileira dessa geração que amadureceu durante a Segunda Guerra e representa um momento de expansão e consolidação da cultura no Brasil. Como pudemos ver anteriormente, a partir do Modernismo, sobretudo nos anos de 1930, os centros de atividade literária e cultural se tornaram mais numerosos e importantes. Em lugar de haver apenas os maiores e mais ricos, como Rio de Janeiro e São Paulo, a vida literária e cultural se tornou apreciável pelo menos em Porto Alegre e Curitiba, no Sul, Belo Horizonte, no Sudeste, além dos já tradicionais Bahia e Recife, no Nordeste. Esta expansão parece culminar simbolicamente no aparecimento de uma obra onde a dimensão regional perde o caráter contingente, para tornar-se veículo de uma mensagem da mais completa universalidade: a de João Guimarães Rosa (1908-1967), iniciada em 1946 com *Sagarana*, livro de contos regionais diferentes, com uma elaboração da linguagem que os transporta acima do nível comum e faz o leitor pensar menos no pitoresco do que nas situações narrativas que abrem perspectivas inesperadas sobre o ser. Dez anos depois, em 1956, Guimarães Rosa publicou simultaneamente o romance *Grande sertão: veredas* e seis novelas com o título geral de *Corpo de baile*, e então verificou-se a existência de um dos maiores escritores que o Brasil já teve. O mais impressionante na sua realização é a fragilidade aparente da base, pois o regionalismo, como temos dito aqui, é uma tendência cheia de perigos, tanto pela redução de humanidade dos personagens e o pitoresco superficial, quanto pela dificuldade de ajustar a linguagem culta aos torneios populares. Além disso, ele pode corresponder a uma visão saudosista e conservadora, o que, num país novo e dependente, vale muitas vezes por falta de ajustamento às tarefas do presente e do futuro. No entanto, o regionalismo não é uma simples alternativa descartável, pois em tais países a realidade das regiões atrasadas é muito viva e problemática, impondo-se à consciência dos escritores. Nos países avançados da Europa, em nosso tempo o regionalismo é ou uma tendência menor, ou apenas uma alternativa possível. Em países como os da América Latina, ele invade imperiosamente o campo da inspiração, porque representa o direito à existência por parte dos marginalizados pela cultura dominante, geralmente privilégio de minorias, às quais pertencem também os escritores.

Por isso, a escolha de Guimarães Rosa denota o profundo senso do real e é um repto perigoso, que poderia tê-lo enquadrado no pelotão dos regionalistas pitorescos, ou dos regionalistas críticos. Mas ele superou os perigos e elaborou a matéria regional com um senso transfigurador, que fez dos seus livros maduros experiências de vanguarda dentro de um temário tradicional. Como outros escritores latino-americanos, foi capaz de fundir a perspectiva local do regionalismo com os meios técnicos das vanguardas, para chegar a uma escrita original e integrada, a cujo respeito pode-se falar de super-regionalismo (por analogia com "surrealismo").

O seu livro mais importante, *Grande sertão: veredas*, é o longo monólogo de um velho bandido, contando a sua vida e o estranho amor por um companheiro de armas, na verdade mulher travestida, como fica evidente depois da morte. Para realizar uma vingança do grupo ele invoca o demônio e, a partir de então, consegue tudo, mas ganha por toda a vida o tormento de indagar se fez ou não fez o pacto, se o demônio existe ou não. Em torno dessa dúvida ordena-se uma narrativa fascinante, onde passa o sertão brasileiro com as suas figuras e a sua natureza áspera, por meio de uma linguagem artificial e perfeita, onde as diversas camadas da língua se combinam segundo um critério rigoroso de invenção, de maneira a produzir um texto onde não se sabe se a realidade suscita o discurso, ou se o discurso institui uma realidade. Com Guimarães Rosa o processo que estamos analisando na literatura brasileira chega a um ponto culminante, porque o assunto perde a soberania e parece produto da escrita, tornando caducas as discussões sobre os critérios nacionalistas tradicionais. Com efeito, ele parece dizer que a presença mimética da terra e do homem deve ser dissolvida na autonomia relativa do discurso para chegar à categoria de universalidade.

A obra de Guimarães Rosa completa as de João Cabral e Clarice Lispector, no sentido de modificar a relação entre o tema e o discurso. Isto chegaria às consequências mais avançadas, embora não no mesmo nível de qualidade, com os movimentos de vanguarda que, a partir do fim dos anos de 1950, começaram a modificar essencialmente as obsessões tradicionais da literatura brasileira.

No processo que acompanhamos até aqui, a busca da expressão literária característica teve sempre como pedra de toque a tendência, primeiro inconsciente, depois consciente, de exprimir a realidade local. É a perspectiva que se definiu no século XIX como nacionalista e que os modernistas refundiram, atualizando-a conforme inspirações de vanguarda. Segundo tal perspectiva, a legitimidade seria um problema ligado sobretudo à natureza da matéria elaborada, isto é, os temas e assuntos, tomados como critério de avaliação. Agora, entra cada vez mais em linha de conta a noção de preeminência do discurso, que vai modificar não apenas a linguagem dos poetas, mas a própria visão realista dos narradores, em parte devido ao fim da obediência às normas dos gêneros. Sob este aspecto, o Concretismo, iniciado em 1956, teve significado histórico relevante, inclusive por haver posto drasticamente de lado as opções de tipo nacionalista, produzindo como se o espaço literário fosse uma realidade acima do âmbito dos países e, portanto, o escritor não precisasse se justificar pela referência a qualquer aspecto local, mas apenas à elaboração da linguagem. Com isso manifestava-se uma forma de maturidade da consciência literária e um momento antitético da oscilação pendular entre localismo e cosmopolitismo, própria da literatura dos países colonizados.

Os movimentos de vanguarda recente não tiveram a importância do Modernismo, que foi uma espécie de vanguarda total, influindo nos mais diversos setores da cultura e invalidando as alternativas anteriores. Mas, embora parciais e menos profundos no seu efeito, esses movimentos aguçaram as tendências de radicalidade, marcando na literatura brasileira uma espécie de crise da mimese, como a que se manifestara nas artes plásticas desde os anos de 1940, avultando nos seguintes.

Ao mesmo tempo, ocorreu na narrativa o que se poderia chamar de mutação do realismo, também ligada a uma alteração da equação tema-discurso, com a tendência a dar a este uma preeminência criadora que antes era rara. Tomemos como exemplo as obras de Rubem Fonseca (1925[-2020]) e João Antônio (1937-1996), que estrearam em 1963 e a respeito dos quais se pode falar num "realismo feroz". Embora diferentes, esses dois autores procuraram aproximar-se ao máximo da linguagem falada, usando a primeira pessoa e reduzindo a distância entre autor e narrador-personagem. Em certos contos de Rubem Fonseca, o próprio tempo narrativo se confunde com o tempo narrado, como se a ação fosse simultânea ao relato. Aqui, estamos longe da posição realista tradicional, onde é importante a *objetividade*, que pressupõe afastamento. Além disso, a linguagem que ambos os autores pretendem recriar é, nos seus escritos mais felizes, a dos marginais urbanos, os boêmios e em geral aqueles considerados "escória da sociedade". Esta opção é aliás bastante generalizada na narrativa brasileira contemporânea, na qual a violência da linguagem se associa à violência dos assuntos. Numa sociedade brutal como a nossa, onde as diferenças econômicas são máximas e é monstruosa a presença da miséria, rural e urbana, o escritor reage adotando quase iconicamente uma escrita adequada.

Na poesia, o Concretismo rejeitou a expressão subjetiva e preconizou o fim do verso, com a liberdade de combinar e desarticular as palavras segundo afinidades sonoras, dispondo-as como realidade visual. Dos poetas concretos destacam-se Décio Pignatari (1927[-2012]), Haroldo de Campos (1929-2003) e seu irmão Augusto de Campos (n. 1931), que são ao mesmo tempo os fundadores, os teóricos e os principais realizadores. A sua atividade tem cunho polêmico de ânimo transformador; e talvez, nela, seja mais importante a parte doutrinária e crítica. Surgido do Concretismo, mas afastado dele com violenta ruptura, Mário Chamie (1933[-2011]) criou a Poesia-Práxis, movimento que recuperou o verso de maneira renovada e intensificou a referência às circunstâncias do mundo.

Deve ser mencionado Ferreira Gullar (1930[-2016]), que passou pelo Concretismo e amadureceu lentamente, realizando uma obra vigorosa, que vai da emoção manifestada sem complacência lírica a uma espécie de realismo poético cheio de ressonâncias sociais.

Com estas observações, está realizado o intuito de mostrar um processo literário chegado à maturidade plena. Será difícil enumerar e avaliar os autores recentes, trabalhando em geral desligados de tendências e movimentos, e ainda não integrados na perspectiva histórica, na qual deliberadamente se situou este ensaio. Eles são frequentemente de boa qualidade, e talvez nunca a literatura brasileira tenha conhecido uma *média* tão satisfatória, o que é sem dúvida sinal do amadurecimento de uma cultura. Mas o certo é que entre eles não há figuras de alto relevo, podendo-se dizer que os últimos grandes da nossa literatura foram João Cabral, Guimarães Rosa e, até certo ponto, Clarice Lispector. Há obviamente estreias interessantes, realizações de qualidade e obras valiosas, inclusive no gênero agora muito em voga da autobiografia, que parece compensar o relativo impasse dos gêneros narrativos. Sobretudo quando o material da memória é tratado com olhar ficcional, como é o caso notável de Pedro Nava (1903-1984), médico eminente que depois dos setenta anos publicou, de 1972 a 1983, sob diversos títulos, seis volumes onde a narrativa autobiográfica parece romance, constituindo uma das produções mais importantes da nossa literatura atual. Também curioso é o caso de um antropólogo como Darcy Ribeiro (1922-1997), que no romance *Maíra* (1976) renovou o tema indígena, superando a barreira dos gêneros numa admirável narrativa onde o mitológico, o social e o individual se cruzam para formar um espaço novo e raro. Ou, ainda, o de um crítico de cinema como Paulo Emílio Sales Gomes (1916-1977), que nos contos de *Três mulheres de três pppês* (1977) produziu uma espécie de farsa sentimental cheia de humor e requinte, fora dos hábitos da nossa escrita. Diga-se, afinal, que a crítica literária está passando por um momento excepcionalmente brilhante, pela qualidade e o número dos que a praticam em bom nível, geralmente ligados ao ensino universitário. A velha e útil crítica jornalística se eclipsou, quem sabe temporariamente, para ceder lugar a um novo tipo de análise que, mesmo quando publicada nos suplementos dos jornais, traz a marca de um ensaísmo e uma erudição que denotam a impregnação universitária.

Índice de nomes

A

Abreu, Casimiro de [Casimiro José Marques de Abreu], 43-4
Alencar, José de [José Martiniano de Alencar], 43, 47-8, 56, 58, 73
Almeida, Guilherme de [Guilherme de Andrade e Almeida], 70, 72, 76
Almeida, José Américo de, 89
Almeida, Manuel Antônio de, 46
Alphonsus, João, 79, 91
Alvarenga, Silva [Manuel Inácio da Silva Alvarenga], 34
Alves, Castro [Antônio Frederico de Castro Alves], 48, 51
Amado, Jorge, 88-9
Anchieta, José de (padre), 18-24, 27, 45
Andrade, Carlos Drummond de, 79, 82-3, 91, 94
Andrade, Jorge, 92
Andrade, Mário de [Mário Raul de Moraes Andrade], 71-6, 91-2
Andrade, Oswald de, 71, 75-6
Anjos, Augusto dos [Augusto de Carvalho Rodrigues dos Anjos], 67
Anjos, Cyro dos, 91
Antônio, João [João Antônio Ferreira Filho], 99

B

Balzac, Honoré de, 47
Bandeira, Manuel [Manuel Carneiro de Sousa Bandeira Filho], 70, 72, 77-8, 84
Barbosa, Domingos Caldas, 40
Barbosa, Rui [Rui Barbosa de Oliveira], 63
Barreto, Lima [Afonso Henrique de Lima Barreto], 67
Bastide, Roger, 42
Baudelaire, Charles, 64, 68
Bilac, Olavo [Olavo Brás Martins dos Guimarães Bilac], 62
Bopp, Raul, 80
Braga, Rubem, 90
Brandão, Ambrósio Fernandes, 21

Aranha, Graça [José Pereira da Graça Aranha], 77
Araripe Júnior, Tristão [Tristão de Alencar Araripe Júnior], 58
Assis, Machado de [Joaquim Maria Machado de Assis], 53, 55-8, 90
Azevedo, Aluísio [Aluísio Tancredo Gonçalves de Azevedo], 59
Azevedo, Álvares de [Manuel Antônio Álvares de Azevedo], 44

Brecheret, Victor, 72
Brito, Raimundo de Farias, 66
Byron, Lorde [George Gordon Noel Byron], 44

C

Calado, Manuel (frei), 21
Caldas, Sousa [Antônio Pereira de Sousa Caldas], 35
Caminha, Adolfo [Adolfo Ferreira Caminha], 59
Campa, Ricardo, 9
Campos, Augusto de, 100
Campos, Geir, 93
Campos, Haroldo de, 100
Cardoso, Armando (padre), 18
Cardoso, Lúcio, 86
Carvalho, Ronald de, 25, 72
Castello, José Aderaldo, 26
César, Guilhermino, 79
Chamie, Mário, 100
Chateaubriand [François René de; visconde de Chateaubriand], 38, 42
Coelho Neto [Henrique Maximiano Coelho Neto], 63
Comte, Auguste, 52
Cooper, Fenimore [James Fenimore Cooper], 42
Correia, Raimundo [Raimundo da Mota de Azevedo Correia], 62-3
Costa, Cláudio Manuel da (pseudônimos: Alceste; Glauceste Satúrnio), 32-3
Couto, Rui Ribeiro, 70
Cristina da Suécia, rainha, 24
Cruz e Silva, Antônio Dinis da, 33
Cruz e Sousa, João da, 64-5, 68

Cunha, Euclides da [Euclides Rodrigues Pimenta da Cunha], 66-7

D

D'Annunzio, Gabriele, 68
Del Picchia, Menotti, 71, 77
Denis, Ferdinand [Jean Ferdinand Denis], 37
Di Cavalcanti [Emiliano Augusto Cavalcanti de Albuquerque Melo], 72
Dias, Gonçalves [Antônio Gonçalves Dias], 43
Dostoiévski, Fiódor [Fiódor Mikhailovich Dostoiévski], 56
Dourado, Autran [Valdomiro Autran Dourado], 95
Durão, Santa Rita (frei) [José de Santa Rita Durão], 31-2, 38, 42

E

Einstein, Alfred, 78
Eliot, T.S., 93
Faria, Otávio de, 86

F

Fonseca, José Paulo Moreira da, 93
Fonseca, Rubem, 99
Francisco do Rosário (frei), 22
Franco, Francisco de Melo, 35
Freire, Francisco de Brito, 21
Freire, Luís José Junqueira (frade), 45
Freyre, Gilberto [Gilberto de Melo Freyre], 80-1
Fusco, Rosário, 79

G

Gama, Basílio da [José Basílio da Gama] (pseudônimo Termindo Sipílio), 31-2, 34, 38, 42
Gama, Luís, 39
Gomes, Paulo Emílio Sales, 101
Góngora y Argote, Luis, 25
Gonzaga, Tomás Antônio (pseudônimos: Critilo; Dirceu), 32-3, 39
Guimaraens, Alphonsus de, 65
Guimarães, Bernardo [Bernardo Joaquim da Silva Guimarães], 47, 51
Gullar, Ferreira, 100

H

Heine, Heinrich, 44
Hoffmann, August Heinrich, 44
Holanda, Sérgio Buarque de, 77, 81
Hugo, Victor [Victor Marie Hugo], 48

I

Ibsen, Henrik, 58
Ivo, Ledo, 93

J

Jacobbi, Ruggero, 13, 14
João IV, d. (rei de Portugal), 23
João VI, d. (rei de Portugal), 36

K

Kafka, Franz, 56

L

Lamartine [Alphonse Marie Louis de Prat de Lamartine], 38
Lima, Alceu Amoroso, 77, 85
Lima, Jorge de [Jorge Mateus de Lima], 84
Lins, Álvaro, 91
Lins, Osman, 95
Lispector, Clarice, 94, 98, 101
Lobato, Monteiro [José Bento Monteiro Lobato], 69-70, 82
Lopes Neto, João Simões, 69

M

Mably, Gabriel Bonnot de, 29
Macedo, Joaquim Manuel de, 45-6, 51, 56
Machado, Aníbal, 91
Machado, Antônio de Alcântara [Antônio Castilho de Alcântara Machado], 80
Machado, Dionélio, 90
Magaldi, Sábato, 92
Magalhães, Gonçalves de [Domingos José Gonçalves de Magalhães; visconde de Araguaia], 37, 41, 43
Malfatti, Anita, 72
Matos, Gregório de [Gregório de Matos Guerra], 23-4, 39, 42
Meireles, Cecília, 77
Melo Neto, João Cabral de, 93, 98, 101

Mendes, Murilo [Murilo Monteiro Mendes], 84, 94
Metastasio, Pietro [Pietro Trapassi], 34
Meyer, Augusto, 79
Moraes, Vinicius de, 85
Moraes Neto, Prudente de, 77
Moura, Emílio, 79, 91
Mozart, Wolfgang Amadeus, 78
Musset, Alfred de, 44

N

Nabuco, Joaquim [Joaquim Aurélio Barreto Nabuco de Araújo], 51
Nava, Pedro, 79, 101
Nietzsche, Friedrich, 65
Norberto, Joaquim [Joaquim Norberto de Sousa e Silva], 49
Nunes, Sousa [Feliciano Joaquim de Sousa Nunes], 27-8

O

Oliveira, Alberto de [Antônio Mariano Alberto de Oliveira], 62
Oliveira, Manuel Botelho de, 26
Ossian (pseudônimo) [James Macpherson], 38

P

Pedro I, d. (imperador do Brasil), 36
Pedro II, d. (imperador do Brasil), 40, 52
Peixoto, Afrânio [Júlio Afrânio Peixoto], 68
Peixoto, Alvarenga [Inácio José de Alvarenga Peixoto], 32-3

Pena, Martins [Luís Carlos Martins Pena], 41
Pessoa, Fernando, 93
Pignatari, Décio, 100
Pirandello, Luigi, 56
Pita, Rocha [Sebastião da Rocha Pita], 26, 31
Pombal, marquês de [Sebastião José de Carvalho e Melo], 31-2, 34
Pompeia, Raul, 60
Prado, Décio de Almeida, 92
Prado Júnior, Caio, 82
Proust, Marcel, 56, 92

Q

Queiroz, Rachel de, 89
Quental, Antero de [Antero Tarquínio de Quental], 68
Quevedo [Francisco Gómez de Quevedo y Villegas], 25

R

Ramos, Graciliano, 86, 87, 88
Ramos, Péricles Eugênio da Silva, 93
Rego, José Lins do [José Lins do Rego Cavalcanti], 88
Ribeiro, Darcy, 101
Ribeiro, Júlio [Júlio César Ribeiro Vaughan], 59
Rilke, Rainer Maria, 93
Rivera, Bueno de [Odorico Bueno de Rivera Júnior], 93
Rodrigues, Nelson, 92
Romero, Sílvio [Sílvio Vasconcelos da Silveira Ramos Romero], 57-8, 80
Rosa, João Guimarães, 96-8, 101

Rousseau, Jean-Jacques, 29, 35
Rubião, Murilo, 95

S

Sá, Mem de, 18, 21
Salgado, Plínio, 86
Salvador, Vicente do (frei)
   [Vicente Rodrigues Palha], 21
Schmidt, Augusto Frederico, 85
Shakespeare, William, 44
Silva, Domingos Carvalho da, 93
Sousa, Gabriel Soares de, 21
Sousa, Inglês de [Herculano
   Marcos Inglês de Sousa], 59
Sousândrade (pseudônimo)
   [Joaquim de Sousa Andrade], 39
Spencer, Herbert, 52
Suassuna, Ariano, 92

T

Taine, Hippolyte, 57
Taunay, Alfredo d'Escragnolle
   [visconde de Taunay]
   (pseudônimo Silvio Dinarte), 50
Távora, Franklin [João Franklin da
   Silveira Távora] (pseudônimo
   Semprônio), 50, 80
Teixeira, Bento [Bento Teixeira
   Pinto], 21
Telles, Lygia Fagundes, 95
Trevisan, Dalton, 96

V

Valéry, Paul, 93
Varela, Fagundes [Luís Nicolau
   Fagundes Varela], 45

Vasconcelos, Simão de (padre), 21-2
Verissimo, Erico, 90
Veríssimo, José [José Veríssimo
   Dias de Matos], 52, 57-8
Verlaine, Paul, 65
Vespúcio, Américo, 17
Victor, Nestor, 66
Vieira, Antônio (padre), 23
Villa-Lobos, Heitor, 72
Villon, François, 25
Virgílio, 18

W

Wilde, Oscar, 68

Z

Zola, Émile, 60

Antonio Candido de Mello e Souza nasceu no Rio de Janeiro, em 1918. Crítico literário, sociólogo, professor, mas sobretudo um intérprete do Brasil, foi um dos mais importantes intelectuais brasileiros. Candido partilhava com Gilberto Freyre, Caio Prado Jr., Celso Furtado e Sérgio Buarque de Holanda uma largueza de escopo que o pensamento social do país jamais voltaria a igualar, aliando anseio por justiça social, densidade teórica e qualidade estética. Com eles também tinha em comum o gosto pela forma do ensaio, incorporando o legado modernista numa escrita a um só tempo refinada e cristalina. É autor de clássicos como *Formação da literatura brasileira* (1959), *Literatura e sociedade* (1965) e *O discurso e a cidade* (1993), entre diversos outros livros. Morreu em 2017, em São Paulo.

© Ana Luisa Escorel, 2023

Todos os direitos desta edição reservados à Todavia.

Grafia atualizada segundo o Acordo Ortográfico da Língua Portuguesa de 1990, que entrou em vigor no Brasil em 2009.

Este volume tomou como base a sétima edição de *Iniciação à literatura brasileira* (Rio de Janeiro: Ouro sobre Azul, 2021), elaborada a partir da última versão revista por Antonio Candido. Em casos específicos, e a pedido dos representantes do autor, a Todavia também seguiu os critérios de estilo da referida edição. O texto de orelha, redigido originalmente pelo próprio Antonio Candido, foi mantido.

capa
Oga Mendonça
composição
Maria Lúcia Braga e Fernando Braga,
sob a supervisão da Ouro sobre Azul
índice de nomes
Luciano Marchiori
preparação e revisão
Huendel Viana
Jane Pessoa

2ª reimpressão, 2025

Dados Internacionais de Catalogação na Publicação (CIP)

Candido, Antonio (1918-2017)
Iniciação à literatura brasileira / Antonio Candido.
— 1. ed. — São Paulo : Todavia, 2023.

Ano da primeira edição: 1997
ISBN 978-65-5692-410-6

1. Literatura brasileira. 2. Ensaio. 3. Teoria crítica.
4. Literatura — Crítica e estudo. I. Título.

CDD B869.4

Índice para catálogo sistemático:
1. Literatura brasileira : Ensaio B869.4

Bruna Heller — Bibliotecária — CRB 10/2348

todavia
Rua Luís Anhaia, 44
05433.020 São Paulo SP
T. 55 11. 3094 0500
www.todavialivros.com.br

Acesse e leia textos encomendados especialmente
para a Coleção Antonio Candido na Todavia.

www.todavialivros.com.br/antoniocandido

fonte Register*
papel Pólen bold 90 g/m²
impressão Geográfica